Richard Shelley Taylor

Diszipliniert leben - aber wie?

Der Weg zur Disziplin im Leben christlicher Nachfolge

Diszipliniert leben - aber wie?
Der Weg zur Disziplin im Leben christlicher Nachfolge

The Disciplined Life by Richard S. Taylor

Published by Beacon Hill Press of Kansas City,
A division of The Foundry Publishing Kansas City,
Missouri 64108 USA
This edition published by arrangement with
The Foundry Publishing.

Internet: www.camp-impact.de
Camp Impact, Neues Haus 1, 99887 Georgenthal, Deutschland

Autorisierte Übersetzung der Originalausgabe
Übertragung ins Deutsche: Alexandra Ellsmore
Layout und Umschlaggestaltung: Anna-Lena Ziegler, www.lenidesign.de

Druck und Bindung: ARKA Druck, Cieszyn/Polen

impact Verlag: shop.impacteV.de
eMail: shop@impacteV.de Best.-Nr.: 10002
ISBN: 978-3-00-020801-0

impact e.V.

impact e.V. ist ein gemeinnütziger christlicher Verein, zusammengesetzt aus Jugendarbeitern verschiedener christlicher Gemeinden im deutschsprachigen Raum. Ziel von impact e.V. ist es, christlichen Gemeinden im Blick auf arbeits- und materialaufwendige Aktivitäten in der Jugendarbeit (z. B. Freizeiten, Seminare, Schulungen) eine qualitätsreiche Hilfe und Unterstützung zu sein. Aktuelle und ausführliche Informationen über impact e.V. und dessen Aktivitäten in der Jugend- und Freizeitarbeit können im Internet unter **www.camp-impact.de** abgerufen werden.

Diszipliniert leben – aber wie?

Der Weg zur Disziplin im Leben christlicher Nachfolge

HINWEIS: „The Disciplined Life" von Dr. Richard S. Taylor wurde im Auftrag von impact e.V. ins Deutsche übertragen. Die Tatsache, dass auf Werke anderer Autoren verwiesen wird, bedeutet nicht, dass impact e.V. immer mit deren allgemeinen Inhalt oder weiteren theologischen Aussagen der zitierten Autoren und Quellen übereinstimmt. Dasselbe gilt für Vertreter bestimmter Bewegungen, die der Verfasser in einigen seiner Illustrationen nennt. Die Position von impact e.V. wird als bekannt vorausgesetzt. Quellenangaben und Verweise auf weitere Werke entsprechen den allgemein gültigen Richtlinien des Verlagswesens und sollen dem Leser als zusätzliche Lesehilfe dienen. Bibelzitate wurden mit der jeweiligen Stellenangabe versehen, um das Nachschlagen zu erleichtern. Sie folgen, wenn nicht anders vermerkt, der Revidierten Elberfelder Übersetzung. Diese weist mit ‹Klammern› auf Wörter hin, die zum besseren Verständnis eingefügt wurden, im Grundtext aber nicht stehen. (Anm. d. Übers.)

Der Autor dankt

folgenden Verlagen und Herausgebern für die freundliche Genehmigung, von den genannten Werken zu zitieren:

Ginn and Company, Boston, Massachusetts: The Problem of Choice, William Henry Roberts.

Macmillan Company, New York, New York: Fritz Kreisler, Louis P. Lochner.

Thomas Nelson & Sons, New York, New York: Revised Standard Version of the Holy Bible, Copyright 1946 und 1952: Division of Christian Education of the National Council of Churches.

New Zealand Herald, Auckland, New Zealand. Zitat aus Leitartikel.

Fleming H. Revell Company, Westwood, New Jersey: The Minister‘s Obstacle, Ralph G. Turnbull.

Saturday Evening Post, Philadelphia, Pennsylvania: Leitartikel, Dr. Harry A. Snyder, 3. Dezember 1960.

Dr. Benjamin Spock, Baby and Child Care. Der Autor ist Herrn Dr. Spock besonders dankbar für einen persönlichen Brief, in dem er einige Änderungen in der revidierten Ausgabe seines äußerst bekannten Buches Baby and Child Care erläuterte, sowie für die Erlaubnis, aus diesem Brief zu zitieren.

für

AMY

deren Vorbild disziplinierten Lebens in all den Jahren unserer gemeinsamen, glücklichen Pilgerschaft stets meine Inspiration war.

Inhalt

Vorwort

Disziplinierte leben – ein Thema, das bei manchen ein Gefühl der Unruhe und Überführung auslösen mag, während sich andere zufrieden auf die Schulter klopfen und mit Verachtung auf die Dis- ziplinlosigkeit ihrer Nächsten herabblicken. Die heutige Gesell- schaft ist zweifellos gekennzeichnet durch einen akuten Mangel an Disziplin und leidet sichtbar unter den daraus resultierenden Konsequenzen.

Wie steht es mit der Disziplin in unserem Leben? Ist sie dasselbe wie Heiligkeit? Wozu brauchen wir überhaupt Disziplin? Gibt es biblische Vorbilder für diese Tugend? Dr. Richard S. Taylor widmet sich ausführlich dem Thema Disziplin in allen Formen und behandelt die einzelnen Aspekte und Fragen detailliert und lebensnah, wobei er den Humor nicht zu kurz kommen lässt. Mit geschliffener Feder macht er sich daran, nicht nur das äußere Er- scheinungsbild der Disziplin zu analysieren, sondern zum Kern der Sache vorzudringen. Der Autor legt aus biblischer Sicht dar, was Disziplin ist (und was sie nicht ist), wo sie im christlichen Leben zu finden sein sollte und wie man sie erlangen kann. Dabei geht er sehr praktisch und Schritt für Schritt vor. Sein Herzensanliegen ist es, mit Vorurteilen und falschen Konzepten aufzuräumen und dem Leser Mut zu machen, Disziplin in seinem Leben zu erreichen und zu vervollkommnen. Ziel ist nicht die Disziplin als solche, sondern ein effizientes Leben freudigen Dienens, das Gott alle Ehre gibt. Die befreiende Botschaft dieses Buches lautet: Es ist in der Tat möglich, diszipliniert zu leben und Sieg über zum Teil lebenslange (schlechte) Gewohnheiten zu erringen – in der Kraft des Heiligen Geistes und in Abhängigkeit von Ihm.

Seit der Erstveröffentlichung im Jahre 1962 hat sich in der Welt vieles verändert, wobei vor allem der Zusammenbruch des Kommunismus in zahlreichen Staaten zu einer tief greifenden Umgestaltung der weltpolitischen Landschaft geführt hat. Einige der vom Autor verwendeten Illustrationen sind verständlicherweise geprägt von den damaligen Gegebenheiten, die heute in der Form nicht mehr vorhanden sind. Sie bestätigen jedoch die allgemeine Entwicklung und die zugrunde liegenden Prinzipien, die in ihrer Wahrheit und Gültigkeit ewig bestehen.

Mit großer Freude und Dankbarkeit legt impact e.V. diesen Klassiker nun in deutscher Sprache vor – in der Hoffnung und Gewissheit, dass Diszipliniert leben – aber wie? dem Leser dazu verhelfen wird, ein biblisches Verständnis von Disziplin zu erlangen und in seinem persönlichen Leben erfolgreich und gewinnbringend umzusetzen.

impact e.V.

Einführung

Disziplin ist das, was der Mensch heute am meisten nötig hat und was er am wenigsten mag.

Zu oft versuchen junge Leute, die von zu Hause ausziehen, Studenten, die ihr Studium abbrechen, Eheleute, die die Scheidung einreichen, Gemeindemitglieder, die die Versammlung versäumen, Angestellte, die kündigen, damit einfach nur der Disziplin zu entkommen. Hundert Ausreden mögen oft über das wahre Motiv ihres Handelns hinwegtäuschen, aber hinter der dürftigen Fassade steckt der stahlharte Kern von Abneigung gegen Einschränkung und Kontrolle.

Ein großer Teil unserer Rastlosigkeit und Labilität kann auf diesen grundlegenden Mangel im modernen Charakter zurückgeführt werden. Unsere überfüllten Psychiatrien, Krankenhäuser und Haftanstalten sind nichts anderes als Symptome einer Zeit, die keine Disziplin kennt. Es mag viele zweitrangige Ursachen geben, ebenso viele zweitrangige Heilmittel, aber hinter allen diesen besteht irgendwo die Notwendigkeit der Disziplin. Die Art der Disziplin, die erforderlich ist, geht viel tiefer als die Funktion von Weckern und Stechkarten; sie umfasst Selbstbeherrschung, Mut, Ausdauer und Unverwüstlichkeit als die innere Rüstung der Seele.

Viele nervös bedingte und emotionale Störungen sind letztlich die Folge eines Lebens, das jahrelang von Maßlosigkeit gekennzeichnet war. Ich denke hier nicht an Alkoholiker oder Wüstlinge, sondern an respektable Christen, die wahrscheinlich entsetzt wären bei dem Gedanken, Alkohol anzurühren oder sich der Unzucht hinzugeben. Aber sie haben trotzdem keine Disziplin und diese fatale Schwäche wird in Zeiten der Prüfung und Not entlarvt. Wenn man sein Leben lang vor Problemen davonläuft, unangenehme Menschen meidet, stets nach dem leichtesten Weg sucht, wenn man immer gleich aufgibt, sobald es schwierig wird – ein solches Verhaltensmuster wird sich schließlich in Form von neurotischer Semi-Invalidität und Unfähigkeit zeigen. Man kann zahlreiche Bücher lesen, viele Ärzte und Prediger konsultieren, unzählige Gebete darbringen und religiöse Entscheidungen treffen; man kann den Patienten mit Medikamenten, Ratschlägen, kostspieligen Behandlungen und geistlichen Vorhaltungen überhäufen; doch deckt keines von diesen die wahre Ursache auf: mangelnde Disziplin. Und das Einzige, was hier wirklich hilft, ist, dass man ein disziplinierter Mensch wird.

Die Bibel sagt: „Zeigst du dich lässig am Tag der Not, gerät ‹auch› deine Kraft in Not“ (Sprüche 24,10). Tage der Not werden unweigerlich kommen. Der Schwächling wird aufgrund selbst verursachter Krankheit das Handtuch werfen, indem er die Schuld auf andere schiebt, indem er aufgibt, „Nerven“ zeigt – und somit nahezu jede Methode anwendet, die die Möglichkeit zur Flucht bietet. Nur wenn man konsequent diszipliniert lebt, kann man jene Stärke des Charakters entwickeln, mit der man der Not begegnen kann, ohne in Not zu geraten.

Die Flut moralischer Ungezügeltheit, die in dieser Generation unsere Jugend so verdorben und unsere Familien so unterminiert hat, steht meiner Meinung nach im direkten Zusammenhang mit der Nachgiebigkeit sich selbst gegenüber, die für unsere Zeit kennzeichnend ist. Und die Gemeinde ist da nicht ausgenommen. Der Lebensstil dieser Jahre des Überflusses, wo man es sich gut gehen lässt und sich vieles leistet, hat seinen Weg auch in christliche Kreise gefunden, sogar bis in unsere Pfarrhäuser. Als Folge haben wir viele farblose, schwammige Gläubige und „Playboy-Prediger“. Mit unseren Lippen haben wir am Altar des Herrn gedient, aber in Wirklichkeit haben wir uns vor dem Schrein der Protzerei verbeugt. Wir haben uns selbst vom Materialismus fesseln lassen, während wir ihn gleichzeitig bei anderen kritisieren. Die vorherrschenden falschen Wertmaßstäbe haben uns total aus dem Gleichgewicht gebracht.

Das Mittel dagegen ist nicht Armut und wirtschaftliche Depression, sondern Disziplin. Christen in einem Land voller Supermärkte, die aus allen Nähten platzen, müssen ihr Verlangen disziplinieren, weil sie sonst durch gewohnheitsmäßiges Schlemmen ihre Leiber mästen und ihre Seelen benommen machen. Sie müssen sich vor der subtilen, heimtückischen Neigung hüten, ihre eigene Wichtigkeit und die anderer daran zu messen, wie protzig ihre Autos sind und wie schick ihre Garderobe ist. Sie müssen da- mit aufhören, ihr Geld aus dem Fenster zu werfen und prahlerische Extravaganz zu zeigen – nicht weil sie es sich nicht leisten können, sondern aus Prinzip. Die alarmierend hohe Rate der Unmoral, sowohl von Vertretern der Kanzel als auch der Kirchenbank, die in den letzten Jahren zu verzeichnen war, ist ohne Zweifel das Ergebnis jener inneren Weichheit, die von einem Leben der Disziplinlosigkeit und Nachgiebigkeit sich selbst gegenüber herrührt. Jack Ford drückte es so aus: „Entweder Disziplin oder Dekadenz."

Einigen von uns fällt es leicht, ganz schnell mit der Erklärung bei der Hand zu sein, dass nur eine echte Erfahrung vollständiger Heiligung nötig sei. Die wahre Beziehung zwischen Heiligkeit und Disziplin wird in dem vorliegenden Buch erörtert; deswegen ist es nicht erforderlich, sie jetzt schon im Detail zu betrachten. Aber wir können vorwegnehmend zur Antwort geben, dass die Wahrheit oder Unrichtigkeit der Behauptung in dem Wörtchen „echt" steckt. Unsere Leute haben zu oft eine emotionale Erfahrung der „Heiligung", die sie in ihren Gedanken überhaupt nicht mit harter Selbstverleugnung jeglicher Art in Verbindung bringen. Es ist unwahrscheinlich, dass sie echte Heiligkeit des Herzens erlangen, wenn sie nicht vorher deutlich erkennen, dass Heiligkeit Disziplin sowohl impliziert als auch bedingt – Disziplin in all ihren Formen und Facetten und in allen Bereichen des täglichen Lebens.

Wenn dieses Buch es nur irgendwie vermag, unsere Seelen zu stählen, indem es für diszipliniertes Leben wirbt, dann wird sein Dienst in der Tat zur rechten Zeit sein. Und in aller Freiheit darf auch dies gesagt werden: Wenn dem Leser des Buches durch das Lesen nur halb so viel geholfen wird wie dem Autor durch das Schreiben, dann ist das Grund genug für seine Veröffentlichung.

Richard S. Taylor

Teil Eins

—

DER PLATZ VON DISZIPLIN IM CHRISTLICHEN LEBEN

1

Disziplin als Schlüssel zur Stärke

KAPITEL 1.1

Nationale Stärke

Die Welt gehört denen, die diszipliniert sind. Eine der bedrohlichsten Enthüllungen, die es in den vergangenen Jahren über Russland gab, ist die Aufdeckung der Tatsache, dass die kommunistische Jugend einem weit intensiveren und anspruchsvolleren Training unterworfen wird als die meisten jungen Leute in den westlichen Nationen. Die amerikanische Lebensart betont dagegen Entspannung und Erholung. Es ist wahr: wir reden vom starken Druck und vom rasanten Tempo in Amerika, das dafür verantwortlich ist, dass sich so viele Menschen in psychiatrische Behandlung begeben; aber dies ist das rasante Tempo von undisziplinierten Menschen, nicht von disziplinierten. Es ist energisches Streben – nicht nach Selbstverbesserung, sondern danach, eine schöne Zeit zu erleben. In Amerika schuftet man, um im materiellen Sinne nach vorne zu kommen, aber bei all dem ist man entschlossen, sich zu vergnügen. Man möchte sein Stück Torte haben und es auch essen. Deswegen kann man die Behauptung unterstützen, dass in Amerika der Schwerpunkt auf Freizeit und Erholung liegt – trotz der paradoxen Spannung.

Die westliche Welt liebt das Spielen. Bis zu einem gewissen Punkt ist das gut. Aber wenn das Spielen – sei es indirekt im Fernsehen oder von der Tribüne aus, oder wenn man selbst daran teilnimmt – mehr Freizeit, Geld, Unterhaltung und Interesse in Anspruch nimmt als es der kulturelle Gewinn und der Erholungswert rechtfertigen, dann wird es zum Merkmal einer dekadenten Zeit und zum Kennzeichen von Schwäche anstelle von Stärke. Disziplin ist nötig, wenn man eine neue Kunst oder Wissenschaft oder Fertigkeit erlernen möchte; bei einem Ballspiel oder Ringkampf zuzusehen erfordert keine Disziplin.

Es gab eine Zeit, als Debatten zwischen Colleges große Zuschauermengen anzogen. Jetzt findet das Debattieren in Nebenräumen statt, während die Menge den Basketballteams zujubelt. Diese Verlagerung des Interesses vom Intellektuellen zur Freizeitbeschäftigung ist auch in christlichen Colleges zu finden – so weit verbreitet ist die Betonung von Entspannung und Erholung. Es muss mit großem Nachdruck gesagt werden, dass die Verlagerung dessen, wofür sich die Menschen interessieren und begeistern – nämlich vom Debattieren zum Basketball – ein Zeichen kulturellen Niedergangs ist.

Zugegebenermaßen ist im Sport beim Training eine gewisse Disziplin vorhanden. Aber die Disziplin der Gedanken ist viel anspruchsvoller. Wenn Gott es nicht anders fügt, wird die Nation, die die meisten Wissenschaftler und Pädagogen hervorbringt, in der Welt dominieren – und nicht die Nation mit den besten Sportlern. Russlands Wissenschaftler stellen heute für die amerikanische Vorherrschaft eine ernsthafte Gefahr dar, was die industrielle Technologie, die Massenproduktion, die militärische Macht und die Eroberung des Weltalls angeht. Was ist wichtiger für das Wohlergehen der Welt – die Disziplin, die bei den Olympischen Spielen Goldmedaillen gewinnt, oder die Disziplin, die alle anderen in der Welt auf wirtschaftlicher, militärischer und politischer Ebene übertrifft?

Unmittelbar nach dem zweiten Weltkrieg erlangten die amerikanischen GIs in Europa den Ruf, „gutherzig, aber undiszipliniert“ zu sein. Gutherzigkeit ist eine Tugend, wenn sie mit moralischer Stabilität verknüpft ist. Ohne Disziplin wird Gutherzigkeit zu sentimentaler Schwäche. Keine Nation hat überlebt, die sich selbst gegenüber nachgiebig und schlaff geworden ist.

Es gibt keinen Grund zur Hoffnung, dass westliche Nationen, die diszipliniertes Leben aufgeben, eine Ausnahme darstellen werden. Wenn es dazu kommt, dass der Kommunismus die Welt erobert, wird dies nicht aufgrund einer besseren Ideologie geschehen, sondern wegen besserer Disziplin.

Der Kommunist Lenin sagte einmal: „Mit einer Handvoll treuer Leute, die bereit sind, ihr Leben für mich zu geben, werde ich die Welt beherrschen.“ Wir wollen dies nun mit der Warnung Theodore Roosevelts vergleichen: „Was Amerika zerstören wird, sind Wohlstand um jeden Preis, Frieden um jeden Preis, Sicherheit und nicht Pflicht an erster Stelle, die Liebe zum angenehmen Leben und das Motto, dass man lebt, um reich zu werden.“[1] Wird unsere Abneigung gegen Disziplin die Achillesferse sein, die Roosevelts Warnung in Prophetie und Lenins Prahlerei in eine Tatsache verwandelt?

KAPITEL 1.2

Persönliche Stärke

Nicht nur im nationalen und politischen Sinne, sondern in jedem Bereich gewinnt der Disziplinierte das Rennen. In der Schlacht der Ideen ist derjenige mit diszipliniertem Verstand dem „Schussel“ überlegen. Jemand mit einem disziplinierten Gedankenleben kann Beweise auswerten, logisch denken, Ziele bestimmen und Mittel und Wege ersinnen; er kann sich auf Wesentliches konzentrieren und das, was unwichtig ist, aussortieren. Ein disziplinierter Verstand kann schneller und auch präziser denken. Gleichzeitig wird es für einen Menschen mit geschärftem Verstand leichter sein, sich in schlüssiger und überzeugender Weise auszudrücken. Folglich wird ein Mensch mit undiszipliniertem Verstand schnell unterliegen und hinter den anderen zurückbleiben – ganz gleich, womit er sich befasst. Er wird nicht nur vom

1 Zitiert von Charles Nutter in Vital Speeches of the Day, 1. März

Einkommen her einen niedrigeren Rang einnehmen, sondern er wird auch im sozialen Gefüge von denjenigen dominiert werden, die effizienter sind. Die Gefahr besteht darin, dass die soziale Unterordnung zur politischen Unterwerfung werden kann. Führende Köpfe wissen, wie sie gedankenlose Massen manipulieren können, um ihren eigenen Machtbereich auszudehnen. Ein Mensch mit undiszipliniertem Verstand ist immer leichte Beute für den Demagogen und den Scharlatan. Wenn Massen intellektuell abgestumpft und träge sind, stellen sie den idealen Nährboden für Diktaturen dar.

Obwohl die körperliche Disziplin von geringerer Bedeutung ist, kann sie trotzdem für das Erlangen von Stärke unentbehrlich sein, wenn die Absicht darin besteht, den Körper zu trainieren, damit er dem Verstand dabei dienlich ist, achtbare Ziele zu erreichen. Die Fähigkeit Thomas Edisons, aus eigener Willenskraft zu schlafen und aufzuwachen und äußerst strapaziöse Zeitspannen hindurch ununterbrochen zu arbeiten, ist zweifellos einer der Gründe dafür, dass er ein so großartiger Erfinder war. Im April 1941 war Fritz Kreisler wegen eines Unfalls gezwungen, seine Geige für viele Wochen beiseite zu legen. Als er schließlich sein Instrument wieder stimmte, waren seine Finger so steif, dass das Spielen unmöglich erschien. „Aber mein Verlangen war so stark", berichtete er später, „und ich sagte mir: Dies sind meine Finger. Sie sind meine Sklaven. Ich bin der General. Ich befehle ihnen zu spielen und mit meinem Willen bringe ich sie dazu, sich zu bewegen. Und wissen Sie was? Sie spielten."[2] Die Disziplin der Jahre war zum Tragen gekommen.

Der Vorteil, den ein Mensch mit einem disziplinierten Körper hat, zeigt sich vor allem in seiner stabileren Gesundheit und Langlebigkeit. Aufgrund seines besseren gesundheitlichen Zustands kann er effizienter und effektiver arbeiten und auch im fortgeschrittenen Alter Leistungen erbringen und Erfolge erzielen. Wenn man im Alter zwischen zwanzig und fünfzig undiszi-

2 *Louis P. Lochner, Fritz Kreisler, S. 881961*

pliniert lebt, ist es sehr wahrscheinlich, dass einem mit siebzig die Kräfte nicht mehr uneingeschränkt zur Verfügung stehen.

Die Tatsache, dass Mose im Alter von hundertzwanzig Jahren nichts von seiner natürlichen Vitalität verloren hatte, mag zum Teil dadurch begründet sein, dass er vierzig Jahre in der Wüste als Hirte gelebt hatte, wo sich sein Körper an sommerliche Hitze und winterlichen Frost gewöhnte. Wir wissen, dass John Wesley seine körperliche Robustheit damit begründete, dass er um vier Uhr morgens aufstand und um fünf predigte. Obwohl eine solche Gewohnheit das Leben einiger Menschen eher verkürzen als verlängern würde – besonders in dieser Zeit der kurzen Nächte – und ein diszipliniertes Meiden dieser Form des „Wesleyanismus" durchaus weise sein mag, ist es dennoch wahr, dass der Mensch, der lernt, „seinen Leib zu zerschlagen" (1.Korinther 9,27), es wahrscheinlich eher verhindern kann, selbst verwerflich zu werden, nicht nur im geistlichen Sinne, sondern auch im körperlichen.

Wir haben die gedankliche Disziplin und die körperliche Disziplin angesprochen. Eigentlich sind diese natürlich nichts anderes als Auswirkungen eines disziplinierten Charakters. Hier besteht ein großer Mangel, ein fatales Defizit. Zu viele von uns haben einen schwachen Charakter. Es mag eine große und herausragende Fähigkeit vorhanden sein, die durch intensives Training innerhalb eines eng gesteckten Rahmens erworben worden ist, wie zum Beispiel eine ruhige Hand und ein scharfes Auge beim Golfspielen, ohne dass jedoch eine allgemeine Stärke des Charakters gegeben ist. Aber wenn jemand charakterlich schwach ist, wird die besonders ausgebildete Fähigkeit in zunehmendem Maße von aufkommenden Lastern erstickt werden und schließlich verloren gehen. Ein Arzt in meinem Bekanntenkreis hatte hervorragende Talente, aber seine Neigung zum Trinken und zur Unmoral kostete ihn erst seinen Ruf, dann seine Praxis, dann sein Leben – und sicher seine Seele. Die berufliche Disziplin, die durch die jahrelangen Anstrengungen im Medizinstudium vorhanden war, ging schließlich in seiner allgemeinen Charakterschwäche unter.

KAPITEL 1.3

Wenn sich persönliche Stärke zeigt

Die größere Stärke und Effizienz eines disziplinierten Charakters werden besonders in Zeiten ernster Krisen, bei Krankheit, schmerzlichem Verlust oder finanziellen Schwierigkeiten sichtbar. Eine Frau in Boston gelangte durch Überbelastung und Überarbeitung an die Grenzen eines Nervenzusammenbruchs. Sie konnte nicht schlafen und wurde gequält von dem vermeintlichen Gefühl, dass irgendwelche Kriechtiere über sie krabbelten, sodass sie den nahezu unwiderstehlichen Zwang verspürte, sich unentwegt zu kratzen. Als sie ins Krankenhaus kam, sagte ihr der Arzt in aller Offenheit, dass ihre Heilung, ganz unabhängig von den Medikamenten, davon abhing, inwieweit sie sich selbst geistig beherrschen und das Kratzen sein lassen konnte. Jahrelange Disziplin war ihre Rettung. Sie lag still im Bett und hielt ihre Arme seitlich angelegt, während ihr ganzes Nervensystem schreien und sich winden wollte. Nach einigen Tagen trat Linderung ein und die Genesungskräfte infolge erzwungener Ruhe verhalfen ihr bald dazu, als geheilt entlassen zu werden.

Die geistige und körperliche Disziplin, die dazu erforderlich war, konnte aufgrund jahrelanger, gewohnheitsmäßiger Selbstbeherrschung und intelligenter Ausrichtung in ihrem ganzen Leben aufgebracht werden. Ihr disziplinierter Charakter machte sich bezahlt. Ein schwacher Charakter hätte den gebieterischen Forderungen des Nervensystems nachgegeben und als Folge wäre eine lange und tragische geistige Störung eingetreten. Das bedeutet nicht, dass jede längere körperliche oder geistige Erkrankung immer ein Beweis für einen schwachen Charakter ist, aber es kann davon ausgegangen werden, dass in vielen Fällen solche Totalzusammenbrüche verhindert werden könnten, wenn der Betreffende einen disziplinierten Charakter hätte, um damit die Situation weise und zur rechten Zeit angehen zu können.

Zu oft praktizieren Ärzte heute in der Weise, dass sie schwäch- liche Zugeständnisse an die rückgratlose Selbstnachgiebigkeit des modernen Charakters machen, indem sie jene Methoden vermeiden, die dem Patienten Selbstdisziplin auferlegen. Es ist leichter, Dinge zu verschreiben, von denen sie wissen, dass sie dem Patienten entgegenkommen, wie zum Beispiel „sich zu schonen", gut schmeckende Pillen zu schlucken oder vielleicht eine Reise zu machen, wenn sie möglicherweise tief in ihrem Herzen wissen, dass keines dieser Linderungsmittel die eigentliche Not behandelt.

Einen disziplinierten Charakter hat derjenige, der eine Ausgewogenheit erzielt, indem er alle seine Fähigkeiten und Kräfte unter Kontrolle bringt. In seinem Leben herrschen Ordnung, Beständigkeit und Entschlossenheit. Als Folge verfügt er über Gelassenheit und Würde. Er gerät weder in Panik noch verfällt er in sentimentales Selbstmitleid, wenn er von Gegenströmungen hin- und hergeworfen wird. Er erhebt sich mutig, sogar heldenhaft, um sich den Herausforderungen des Lebens zu stellen und sie zu überwinden. Er begegnet seinen Verpflichtungen mit Resolutheit. Er ist von Verantwortungsgefühl geprägt. Er verfügt über innere Ressourcen und persönliche Reserven, die bei Schwächeren Verwunderung hervorrufen. Er macht sich Widrigkeiten untertan und zwingt sie, ihm zu dienen. Wenn sie ihn überwältigen und er von Schlägen getroffen wird, die er nicht abwehren kann, dann beugt er sich unter ihnen, aber er zerbricht dabei nicht. Mit seinem Geist schwingt er sich trotzdem auf. Der starke Charakter Madame Guyons befähigte sie, obwohl sie im Gefängnis war, im Geist zu erstarken und zu singen:

Die Zelle umschließt mich ganz und gar;
fort kann ich nicht fliegen; das ist wohl wahr.
Auch wenn die Schwingen mir gebunden,
so ist mein Herz doch frei und nicht geschunden.
Die Kerkermauern können es nicht wehren mir,
dass meine Seele flieht und frei ist für und für.

Natürlich ist in einem solchen Leben Kraft vorhanden!

Des Weiteren kann nur der Mensch mit einem disziplinierten Charakter in Positionen mit größerer Verantwortung bestehen. Dies trifft zu für die Bereiche der Industrie, der Ausbildung und der Religion. Viele haben Ambitionen, die nie realisiert werden, Ziele, die nie erreicht werden, Bestrebungen, von Nutzen zu sein, die nie in die Tat umgesetzt werden, Visionen, die nie verwirklicht werden. Während das Versagen manchmal auf begrenzte Fähigkeiten zurückgeführt werden kann, mangelt es doch zu oft nicht an natürlicher Begabung, sondern an Charakter. Die Fähigkeit, sich Strapazen auszusetzen, ist nicht vorhanden. Der Anfang mag vielversprechend sein, aber es fehlt die erforderliche Disziplin, das Ganze zu Ende zu führen. Auch wenn der Undisziplinierte durch eine glückliche Fügung oder durch Beziehungen an die Macht gelangen sollte, kann er dort nicht bestehen, da er innerlich nicht dafür vorbereitet ist. Er bricht zusammen unter dem Gewicht der Verantwortungen sowie dem Druck und der Komplexität der Details. Es mangelt ihm an Führungskraft; er verfügt nicht über ein umfassendes Wissen und gutes Urteilsvermögen – dies alles kann nur nach und nach durch jahrelange Mühe und Sorgfalt aufgebaut werden.

So mancher junge Mensch würde gerne Arzt oder ein hochrangiger Wissenschaftler werden, wird das aber nie erreichen, weil er einfach nicht bereit ist, die anstrengenden Jahre harten Studiums auf sich zu nehmen. Viele junge Leute haben das Verlangen, die Kunst der Musik meisterhaft beherrschen zu können; es wird ihnen aber nicht gelingen – aus dem einfachen Grunde, weil sie nicht Jahr für Jahr die langen Stunden eintönigen Übens absolvieren wollen. Es kann sein, dass sie aufgrund ihres natürlichen Talents so genannte Sänger oder Pianisten werden, aber sie wollen nicht den Preis für wahres Können zahlen. Sie sind zu faul und zu bequem, um sich an die Spitze vorzuarbeiten. Es mag sein, dass ihre Ambitionen durchaus im Rahmen ihrer Fähigkeiten liegen, aber sie befinden sich jenseits ihrer Disziplin. Die Welt ist voller Menschen, die zwar von Natur aus äußerst begabt sind, die aber nie über die Mittelmäßigkeit hinauskommen, weil sie nicht bereit sind, das Opfer zu bringen, das die Voraussetzung für Erstklassigkeit ist.

Ich hörte Igor Gorin, den berühmten ukrainisch-amerikanischen Bariton, als er in einem Radiointerview zugab, dass von der großen Anzahl vielversprechender junger Leute, die mit ihm die Ausbildung am Konservatorium begannen, in der Tat nur einer oder zwei an die Spitze gelangten, weil die anderen, wie er sagte, nicht willens waren, die erforderlichen Opfer zu bringen und sich der jahrelangen Mühsal gründlicher Selbstverleugnung zu unterwerfen. Einige verliebten sich und heirateten; andere wurden der Monotonie und Reglementierung überdrüssig; wieder andere bekamen Heimweh und kehrten nach Hause zurück. Schließlich blieben nur noch sehr, sehr wenige übrig. In dem Interview schilderte Gorin eine persönliche Erfahrung. Er erzählte, dass er damals für sein Leben gerne Pfeife rauchte. Eines Tages jedoch sagte sein Professor für Gesang zu ihm: „Igor, du wirst dich entschließen müssen, ob du ein großartiger Sänger oder ein großartiger Pfeifenraucher sein möchtest. Du kannst nicht beides sein." Also war es mit dem Pfeifenrauchen vorbei. Igor Gorin war bereit, den Preis für meisterhaftes Können zu zahlen; andere waren es nicht.

Der Vorsprung, den derjenige mit Disziplin gegenüber dem ohne Disziplin hat, zeigt sich in vielen kleinen Dingen. Der disziplinierte Mensch hebt seine Kleidungsstücke auf; der ohne Disziplin lässt sie liegen. Der eine macht die Wanne nach dem Bad sauber; der andere lässt die Ränder stehen, sodass sie ein ande- rer wegschrubben muss. Der eine plant seine Arbeit und arbeitet nach Plan; der andere arbeitet planlos. Der eine hält seine Termine stets ein; der andere kommt notorisch zu spät. Einige sind immer pünktlich in der Gemeinde, andere nie. Beobachter mit langjähriger Erfahrung werden dem zustimmen, dass der jeweilige Unterschied nicht dadurch erklärt werden kann, dass die Wegstrecke länger ist oder dass es schwieriger ist, eine größere

Familie zur Eile anzutreiben. Der Unterschied ist die Gewohnheit und Gewohnheit ist Charakter.

Aber die Auszeichnungen gehen an die Ordentlichen, die Wohlüberlegten, die Systematischen, die Sparsamen, die Pünktlichen. Der großartige Bursche, der sich schlau durchs Leben schlägt, mag sich selbst durch sein Blenden in den Vordergrund rücken; früher oder später jedoch kann man sicher sein, dass er schläft, während die Schildkröte an ihm vorbeiwatschelt. Ein junger Mann, der weit über dem Durchschnitt lag, ließ sich während seiner Highschool- und Collegejahre lässig treiben. Er würde schon dafür sorgen, dass ihm seine Ausbildung nicht ins Leben hineinfunkte! Aber zum Ende seiner Zeit am College hin begann er ernsthaft zu studieren; dann bemühte er sich um ein begehrtes Stipendium, das nicht nur einen großen Geldbetrag für weitere Studien, sondern auch eine begehrte Position in einer an- gesehenen Firma beinhaltete. Er wollte genau diese Position in genau dieser Firma haben und so unternahm er jede mögliche Anstrengung, das zu erreichen. Im Auswahlverfahren, dem sich zahlreiche Bewerber stellten, kam er auf Platz Eins, wobei es nur einen wirklichen Rivalen gab, der knapp hinter ihm lag. Das Stipendium ging jedoch an den anderen – den auf Platz Zwei. Der Manager erläuterte die Entscheidung mit freundlichen Worten: „Diese Position bringt große Verantwortung mit sich und erfordert deshalb Solidität und Zuverlässigkeit. Ihren Zeugnissen entnehmen wir, dass, obwohl Sie jetzt gut abgeschnitten haben, Ihre früheren Leistungen nicht gleichbleibend gut waren. Viel Glück beim nächsten Mal!“ Dieser letzte Satz war nur eine Höflichkeitsfloskel. Der verärgerte Kandidat stolperte hinaus – im vollen Bewusstsein, dass Glück dabei keine Rolle spielte. Disziplin gab bei der Entscheidung den Ausschlag.

2

Disziplin als Zeichen von Reife

—

Der Begriff Disziplin umfasst eine Vielzahl von Bedeutungen. Ein Kind versteht darunter, gezwungen zu sein, eine unerfreuliche Aufgabe zu erledigen, und bestraft zu werden, wenn es rebelliert. Disziplin bedeutet für das Kind Zwang, Schmerz, Autorität. Für den Soldaten bedeutet Disziplin das Einhalten von Regeln, sofortiger Befehlsgehorsam, Küchendienst, Wecksignal in frostigen Morgenstunden. Für den Studenten sind es die Studienfächer, die er belegt hat – einschließlich der spezifischen Bestimmungen, Regeln und Prüfungen, die damit einhergehen. Ich hörte, wie jemand seine akademischen Qualifikationen mit den Worten beschrieb: „Ich unterwarf mich der Disziplin von zwölf Kursen in Psychologie." Für den Christen bedeutet Disziplin Jüngerschaft – in der Nachfolge Jesu zu sein, wobei man sich selbst verleugnet und sein Kreuz mit Entschlossenheit trägt.

Das Kind, der Soldat, der Student, der Jünger – sie liegen alle richtig. Aber es gibt noch mehr. Das Ziel der Disziplin bei einem Kind oder beim Militär, an der Universität oder im Glaubensleben ist ein disziplinierter Charakter, der über die Mindestanforderungen dieser spezifischen Disziplinen hinausgeht und das ganze Leben durchdringt. Auferlegte Disziplin (auf die wir später noch näher eingehen werden) muss zur Selbstdisziplin hinführen. Es ist sogar für einen Christen möglich, ein aufrichtiger und wiedergeborener Nachfolger Jesu zu sein und doch in vielen Facetten seines Charakters und in vielen Bereichen seines Lebens undiszipliniert zu bleiben. Es mag sein, dass jemand sein Kreuz trägt – und in der Tat sogar von seiner fleischlichen Gesinnung gereinigt und mit dem Geist erfüllt ist – und doch nur an der Schwelle jener größeren Disziplin der vollen Reife steht.

Allgemein ausgedrückt ist Selbstdisziplin die Fähigkeit, Verhalten eher anhand von Prinzip und Urteilsvermögen zu steuern als durch Impuls, Verlangen, starken Druck oder soziale Gewohnheiten. Im Grunde genommen ist es die Fähigkeit, sich unterzuordnen.

KAPITEL 2.1

Verlangen

Hier sind mehrere Aspekte zu nennen. Zum einen gehört dazu die Fähigkeit, den Körper und seine verschiedenen Formen des Verlangens dem Dienst des Verstandes unterzuordnen. Paulus sagte: „... ich zerschlage meinen Leib“ (1.Korinther 9,27). Ein Beispiel dafür war ein befreundeter Prediger, der zu der Überzeugung gelangte, dass sich Kaffee negativ auf sein Herz auswirkte. Er war Norweger – man stelle sich das vor! –, der sein ganzes Leben lang seinen Kaffee genossen hatte. „Aber“, sagte er, „in jenem Moment wurde es für mich eine Sache des Gewissens. Und so hörte ich damit auf.“ Ganz einfach. Seitdem hat er ihn nicht mehr angerührt. Diese Fähigkeit zeigte sich auch bei einem anderen Freund, der 25 Kilo Übergewicht hatte. Als ihn sein Arzt darauf ansprach, fing er entschlossen eine strenge Diät an, die er stets – ganz egal, wo, wann und mit wem er aß – einhielt, bis er sein Normalgewicht erreicht hatte, was seiner Gesundheit sehr zuträglich war. Er erklärte es ganz einfach: „Es ist nicht eine Frage der Kraft des Willens, sondern der Kraft des Nicht-Wollens ... Nein, danke, ich will nichts.“ Solch drastische Änderungen sind nicht immer notwendig, aber die tagtägliche Disziplin in vielen kleinen Dingen ist es. Wir können wirklich sagen, dass sich eine solche Disziplin nicht dann am besten zeigt, wenn auf spektakuläre Weise etwas erreicht wird, sondern wenn Verhaltensmuster permanent angepasst werden.

Die Unterordnung des Körperlichen gilt nicht nur für das Verlangen nach Essen, sondern auch für das nach Sexualität. Bei einigen geht es dermaßen nach ihrem Willen, dass ihr Geschlechtstrieb in unnormalem Maße erregbar ist. Was das Ganze noch schlimmer macht, ist die Tatsache, dass diese Menschen oft nach dem Motto leben: „Ich kann nicht anders" und ähnlichen Ausdrücken moralischer Schwammigkeit. Zügellosigkeit sogar innerhalb der Ehe kann dazu führen, dass dieses Grundbedürfnis so kultiviert wird, dass seine Ansprüche zunehmend beherrschend werden. Die Betroffenen befinden sich in großer Gefahr, außerehelichen Versuchungen nachzugeben, wenn familiäre Spannungen, „Frigidität" des Partners, lang andauernde Krankheit oder Zeiten der Trennung ihre angeschlagene Fähigkeit der Selbstbeherrschung einer extremen Belastung aussetzen.

Zu oft wird, wenn Männer moralisch abstürzen, die Schuld ihren Frauen zugeschrieben, weil diese irgendwo versagt hätten. Das ist feiges Ausweichen vor moralischer Verantwortung. Der Mann mit diszipliniertem Charakter braucht nicht eine warmherzige Frau, die allen seinen Wünschen entspricht und auf jedes Verlangen eingeht, um auf dem Pfad der Tugend zu bleiben. Er bleibt von sich aus dort – durch die Gnade Gottes. Wenn er in der Beziehung zu seiner Frau glücklich ist, dann ist er dankbar; wenn er es nicht ist, dann nimmt er einfach mehr Gnade für sich in Anspruch und zeigt, was für ein Mann er ist. Ein schwacher Mann stellt ein großes Risiko dar – egal, wie warmherzig seine Frau ist; ein starker Mann wird sich rein halten, auch wenn es bedeutet, dass er für den Rest seines Lebens enthaltsam bleibt. Und es muss ausdrücklich betont werden, dass es hier nicht um eine natürliche Veranlagung geht („ich kann halt nicht anders"), sondern darum, eine vollständige Unterordnung zu erreichen.

Viele Ehen sind alles andere als ideal, was das Körperliche betrifft. Es können physische oder psychische Erschwernisse vorhanden sein oder ein längeres körperliches Leiden, sodass die Erfüllung jenes romantischen Ideals in all seiner idyllischen Vollkommenheit ausbleibt. Na und? Muss es deswegen Gereiztheit und anhaltende Spannung geben? Muss es sein, dass man sich ständig am Rande moralischer Untreue bewegt? Einige scheinen das zu glauben. Solch ungünstige Bedingungen sind oft die Klippe, an der die Ehe zerschellt. Aber sie können auch der Fels sein, auf dem die Ehe als ein stärkeres und schöneres Gefüge gebaut wird. Ein Ehepaar, das mit genau diesen Problemen konfrontiert ist, kann eine tiefere Bedeutung von Liebe und wahre, umfassende Stabilität erfahren. Es kann natürlich sein, dass sie den Druck spüren; vielleicht spüren sie sogar, wie die Versuchung lockt. Aber in ebendieser Situation werden sie auf neue Weise zu Überwindern ihrer selbst und erreichen in ihrem geistlichen Leben neue Höhen. Sie werden sanfter, edler und nehmen geistlich zu. Ihre Ehe wird nicht nur „gerettet"; oft ist sie stärker als Ehen, in denen es keine großen Schwierigkeiten und entscheidenden Siege gegeben hat.

Es ist wahr, dass Paulus die Verheirateten in der Gemeinde in Korinth davor warnte, sich diesbezüglich einer zu großen Belastung auszusetzen, wodurch sie in Versuchungen geraten würden, denen sie nicht widerstehen könnten (1.Korinther 7). Aber die Korinther waren, obwohl sie sich wirklich bekehrt hatten, immer noch schwach; sie waren noch weit davon entfernt, die Stärke eines reifen, disziplinierten Charakters aufzuweisen. In der Tat besaßen sie nicht einmal die Minimalgrundlage vollständiger Heiligung.

Gewiss ist der Rat des Paulus vernünftig und sollte von allen verheirateten Christen befolgt werden – aus liebevoller Rücksicht einander gegenüber. Aber wenn es besondere Umstände unmöglich machen, diese Anweisung auszuführen, dann erhält dadurch keiner der Partner das Recht, der Sünde Raum zu geben. Es ist gut, den Rat zu befolgen. Es ist noch besser, jenes Niveau der Selbstbeherrschung zu erreichen, sodass man in moralischer Hinsicht siegreich sein kann, auch wenn der Rat nicht befolgt werden kann. Dies stellt nicht einen Versuch dar, „weiser zu sein als das, was geschrieben steht", sondern der moralische Standard, der das Kernstück dessen ist, was geschrieben steht, soll aufrechterhalten werden, wenn die praktische Anwendung des Rats durch die nüchternen Tatsachen der Realität bestimmt wird. Ralph G. Turnbull gibt in A Minister's Obstacles das persönliche Zeugnis von Dr. F. B. Meyer wieder, zu dem ein Arzt kam, der von sexueller Versuchung hin- und her gerissen wurde. Als ihm Meyer Rat gab, „zog er den Vorhang seines eigenen Lebens beiseite und offenbarte sich selbst. Sein Gesicht wurde verklärt und er sagte, den Blick nach oben gerichtet, mit äußerster Leidenschaft: 'In meinem Leben habe ich ein Kreuz tragen müssen und es hat mich zu dem Mann gemacht, der ich bin.'"

KAPITEL 2.2

Emotionen

Emotionen müssen ebenfalls dem Verstand untergeordnet sein. Gott möchte, dass wir alle warmherzig sind. Aber das „warme" Herz muss die Weisheit der Reife besitzen – sonst kann es zur flatterhaften, pubertären Impulsivität werden (oder es bleiben). Wenn Warmherzigkeit undiszipliniert ist, dann ist die Wahrscheinlichkeit groß, dass sie degeneriert und sich zu unverantwortlicher Sentimentalität, Launenhaftigkeit und Frivolität entwickelt, gefolgt von Depression oder, was noch schlimmer ist, Flirten und Liebeleien.

Zu oft dient der Verstand nur dazu, sich Entschuldigungen auszudenken, um das zu tun, was das Herz tun möchte. Das Herz muss zuerst gereinigt und dann an der Leine der Disziplin gehalten werden. Dann ist es sicher und kann für ein Leben nach festen Prinzipien zum Partner des Verstandes werden. Der disziplinierte Mensch hat diese Kunst erlernt. Er misstraut seinen plötzlichen Eingebungen. Es ist nicht so, dass er nur kalt ist und kalkuliert; er kann durchaus warmherzig und mitfühlend sein; aber er ist erwachsen „in Christus" und wird nicht „hin- und hergeworfen und umhergetrieben von jedem Wind der Lehre" (Epheser 4,14) oder von den Winden der Impulse, sonderbaren Gefühlen oder Lust und Laune.

Die Emotionen umfassen auch die Zuneigungen. Freundschaft, die auf gegenseitigem Respekt und Verständnis beruht, ist ein wunderbares Geschenk. Aber wahre Freundschaft bringt stets Zuneigung mit sich, die immer tiefer wird. Wenn jemandem plötzlich bewusst wird, dass eine Zuneigung in ihm reift, die entweder verboten oder gefährlich ist, dann hat er es mit einem echten Problem zu tun. Die Freundschaft zwischen zwei Menschen kann allmählich so „dick" werden, dass sie besitzergreifend wird und alles andere ausschließt. Eine solche Leidenschaft ist sowohl für die Persönlichkeit als auch für den Charakter ungesund und schädlich. Oder es entwickelt sich eine Freundschaft zwischen einem ledigen Christ und einem Ungläubigen, vielleicht am Arbeitsplatz, in der Schule oder irgendeiner anderen ganz natürlichen und legitimen Umgebung. Am Anfang ist von Liebe überhaupt keine Rede. Es kann sogar sein, dass die Motivation auf der Seite des Christen das ehrliche Verlangen ist, dem anderen geistlich zu helfen. Aber wenn die beiden mehr und mehr miteinander zu tun haben, dann kann sich ganz allmählich etwas in ihre Herzen stehlen, das in der Gegenwart des anderen die Augen zum Leuchten bringt und den Puls beschleunigt. Dann wird der Christ einen schlimmen emotionalen Kampf zu bestehen haben, um sich daraus zu befreien, oder es kommt zu einer Ehe, die nicht schriftgemäß ist.

Eine noch viel größere Gefahr kann in der Freundschaft zwischen verheirateten Christen unterschiedlichen Geschlechts bestehen. Ihre Arbeit (sogar Arbeit für den Herrn) kann rechtmäßig dazu führen, dass sie viel Zeit miteinander verbringen. Verschiedene Kombinationen dieser Art sind denkbar: Arzt-Schwester, Sängerin-Pianist, Manager-Sekretärin, Pastor-Gemeindemitarbeiterin, Marktleiter-Verkäuferin, Schulleiter-Lehrerin usw. In der modernen Gesellschaft wird es uns als Christen nicht immer leicht fallen, Situationen zu vermeiden, in denen wir gezwungen sind, mit Menschen des anderen Geschlechts enger zu tun zu haben. Die Pflicht erfordert oft ein solches Zusammenarbeiten.

Wenn man mit jemandem des anderen Geschlechts zusammen- arbeitet, können gegenseitiges Misstrauen und Abneigung resultieren; dies stellt keine große Gefahr dar. Aber Zusammenarbeit kann zu gegenseitigem Respekt, Vertrauen und Kameradschaft führen. So weit, so gut. Eine solche Freundschaft mag heilig und schön sein, wenn sie auf der Basis Schwester-Bruder besteht. Man muss jedoch eine gewisse Reserviertheit und Distanz einhalten – was Männer und Frauen mit einem disziplinierten Charakter auch tun werden. Aus Freundschaft kann Zuneigung werden, aus Zuneigung Liebe, aus Liebe Lust und der weitere Verlauf wird ein Schock für beide sein. Das, was unschuldig begann, kann ein schlimmes Ende nehmen.

Es gibt nichts, was in dieser Art von Situation angebrachter ist als der handfeste Rat, den Jesus gab, nämlich das Auge, das Anlass zur Sünde gibt, auszureißen oder die Hand oder den Fuß abzuhauen (Matthäus 18,8.9). Seelen, Familien, Glück, Einfluss – für alle diese gibt es nur Rettung, wenn drastisch, ja, sogar scho- nungslos vorgegangen wird. Auf Gefühle darf keine Rücksicht genommen werden. Keine Handbreit darf nachgegeben werden. Hier ist wieder ein Punkt, wo Christen auf gar keinen Fall auch nur eine Spur der Philosophie der Schwäche – „ich kann nicht anders" – tolerieren dürfen. Es mag sein, dass Emotionen nicht sofort dem Willen gehorchen, aber Handlungen müssen es. Emotionen werden im Verlauf durch die Gnade Gottes der Vorgabe disziplinierter Korrektur, starker Absicht und entschiedener Einstellung folgen.

Ein Freund war einmal sehr in eine junge Frau verliebt, die er dann um ihre Hand bat. Aber sie heiratete einen anderen. Trotz der Ablehnung fand er seine Zuneigung immer noch auf sie fixiert, obwohl sie jetzt die Frau eines anderen Mannes war. Zuerst schien es, als müsse er sein Leben lang unter der Qual einer Liebe leiden, die nie erwidert werden konnte. Seine Gefühle schienen völlig außer Kontrolle zu sein. Aber er wusste, dass das falsch war, und so ging er mit sich selbst ins Gericht. Er sagte sich: „Es ist falsch, wenn ich sie liebe – ich muss sie nicht lieben – und durch Gottes Gnade werde ich sie nicht lieben!“ Es war nicht einfach. Aber er focht den Kampf entschlossen aus, auf den Knien und im Herzen, bis seine starke Zuneigung allmählich nachließ und er sie aus seinem Herzen und seinen Gedanken verbannen konnte – vollständig und für immer. Später ging er eine glückliche Ehe mit einer anderen ein und heute ist er ein erfolgreicher und vortrefflicher Diener des Herrn. Es war der Sieg heroischer Männlichkeit.

Dies ist ein Beispiel dafür, wie charakterliche Disziplin überwindet. Ohne ein solch entschlossenes Vorgehen werden sich rührseliges Selbstmitleid und moralischer Verfall einstellen. Mit einem solchen Vorgehen kann man jedoch den moralischen Gefahren des Lebens begegnen und zu immer höheren Höhen von Kraft und Vortrefflichkeit aufsteigen. Die allerbeste Disziplin ist jedoch nicht die, die sich gerade noch aus einer beinahe tragischen Situation herauskämpft, sondern die als Erstes die Situation vorhersieht und möglichen Gefahren vorbeugt. Wer sich als junger Christ gewisse grundlegende Prinzipien bezüglich freundschaftlicher Beziehungen aneignet und es vermeidet, mit Ungläubigen enge Bindungen einzugehen, wird sich später nicht mit stürmischen Begierden und Zuneigungen auseinandersetzen müssen. Und der verheiratete Christ, der sich in seiner Arbeit stets der Gefahren, die ihm drohen, bewusst ist und der immer selbstdiszipliniert ist, was seine Blicke, Worte und Handlungen angeht, wird nicht Feuer entfachen, das er dann fieberhaft bekämpfen muss, um es zu löschen.

KAPITEL 2.3

Launen

Ein disziplinierter Charakter bedeutet auch das Meistern von Launen. Dies ist ein weiterer Bereich, der bei der Unterordnung der Emotionen erobert werden muss. Zweierlei ist hier erforderlich. Erstens müssen wir jene Unbeweglichkeit der Absicht, jene Festigkeit des Glaubens, jene stille, fast rhythmische Pflichterfüllung kultivieren, was unsere Launen nach und nach zügelt, wobei sie von ihrer grimmigen Wildheit gereinigt und mit unserem Gesamtbild in Einklang gebracht werden. Dann werden unsere Launen weniger oft und sicherlich nicht so extrem schwanken. Das Pendel wird, auch wenn es noch schwingt, nicht so weit ausschlagen.

Zweitens müssen wir lernen, die Stimmungen zu überwinden, denen wir uns nicht ganz entziehen können. Es ist unvermeidlich, dass Gefühle kommen und gehen. Auch jemand, der absolut ausgeglichen ist, kann jederzeit eine leichte Verlagerung des Interesses oder der Einstellung verspüren. Ein Versagen in unserer Arbeit, kombiniert mit körperlicher Erschöpfung, kann eine Wolke der Niedergeschlagenheit und Entmutigung über uns bringen. Ein windiger Tag, ein Brief von Zuhause, ein Missverständnis mit jemandem – dies sind nur einige der vielen, kleinen Dinge, die sich auf unseren Geist auswirken und die eine oder andere Veränderung in unseren Gefühlen verursachen, möglicherweise einen Hauch von Nostalgie oder Einsamkeit.

Mit der veränderten Stimmung können merkwürdige Anwandlungen auftreten, vor denen wir uns hüten müssen – vielleicht plötzlich verreisen zu wollen oder einen unweisen Kauf zu tätigen oder eine Pflicht zu vernachlässigen – Impulse, die keiner mit gesundem Menschenverstand bei nüchterner Betrachtung zulassen wird. Der Stimmungsumschwung kann auch die Versuchung mit sich bringen, dass wir unsere Launen nach außen hin zeigen. Es besteht die Gefahr, dass wir plötzlich in unseren

Beziehungen zu den Menschen um uns herum verändert erscheinen. Je nach Laune sind wir vielleicht extrem fröhlich und offen oder missmutig und verschlossen, so großzügig, dass es schon Verschwendung ist, oder zurückhaltend bis an die Grenzen des Geizes. An einem Tag sind wir optimistisch, am nächsten dann pessimistisch. Da sich unsere Freunde nicht auf die Beständigkeit unseres Charakters verlassen können, wissen sie nicht, was sie als Nächstes zu erwarten haben. Zuerst sind die Leute nur verwirrt. Dann kommt es dazu, dass sie sagen: „Es ist wieder eine seiner Launen“ – mit einer Spur von Verachtung. Und sie werden im Umgang mit uns immer argwöhnisch sein und sich Gedanken machen, denn sie wissen nie so recht, in welcher Stimmung sie uns vorfinden oder wie schnell sich unsere Laune ändern wird.

Eine derartige Neigung zur Launenhaftigkeit ist eine gravierende Schwäche. Der reife Mensch lernt es, den normalen Pflichten des Lebens gleichmütig zu begegnen – trotz unterschiedlicher Stimmungen. Die Ehefrau oder der Ehemann, der Lehrer, der leitende Angestellte, die Sekretärin, der Pastor, der Hausmeister, die Sängerin: Wenn man darauf zählen kann, dass sie ein ausgeglichenes Temperament besitzen und zuverlässig sind, immer gleich mit einer fröhlichen, kooperativen Einstellung, unabhängig von Gefühlen, Umständen oder dem Wetter, werden sie einen ständig zunehmenden Einfluss auf andere ausüben. Alle werden spüren, dass hier jemand ist, der eine innere Stärke besitzt, auch wenn sie vielleicht nicht in der Lage sind, das Geheimnis zu entschlüsseln.

Es wird erzählt, dass einmal eine Christin Amanda Smith fragte, was sie tun sollte, wenn sich so etwas wie eine Wolke auf ihren Geist legte. Die farbige Gläubige gab zur Antwort: „Was machen Sie, wenn Sie den Tisch decken und ein Schatten auf den Raum fällt?“

Die Frau antwortete: „Ich schaue schnell nach, um zu sehen, ob sich ein Unwetter zusammenbraut, und wenn nicht, dann decke ich den Tisch weiter.“

„Genau das müssen Sie tun“, ermahnte sie Frau Smith. „Wenn sich ein Schatten auf Ihre Seele legt, sehen Sie sofort nach, ob Sünde der Grund für die Dunkelheit ist. Wenn Sie keine Sünde vorfinden, dann machen Sie sofort weiter mit dem Tischdecken für den Herrn!“ Das ist das Meistern unserer Launen. Das ist auch Erwachsenwerden.

Ein reifer, disziplinierter Christ hat gelernt, „sich, wenn er sich schlecht fühlt, genauso gut zu fühlen, wie wenn es ihm gut geht“ – im Herrn; und im stillen, steten Aufbringen seiner Kräfte für das Leben.

Ein disziplinierter Charakter ist nicht auf Launenhaftigkeit eingestellt und verschwendet deshalb niemals Zeit und Energie. „Ich habe keine Lust“ mag manchmal die simple Wahrheit zum Ausdruck bringen, aber die gewohnheitsmäßige Verwendung dieser Phrase zeichnet den Schwächling aus, nicht den Starken. Als einmal ein Student erklärte, dass er die letzte Vorlesung nicht besucht hatte, weil er „keine Lust gehabt hatte“, sagte der Professor: „Junger Mann, ist Ihnen jemals in den Sinn gekommen, dass die meiste Arbeit in der Welt von Leuten erledigt wird, die ‘keine Lust dazu haben’?“

KAPITEL 2.4

Sprache

Ungeachtet dessen, wie sorgfältig die Beherrschung eines Menschen in all den anderen Bereichen ist, kann keiner den hohen Rang eines wahrlich disziplinierten Charakters einnehmen, wenn nicht seine Zunge mit dem Zaum der Umsicht gebändigt und mit den Zügeln der Liebe gelenkt wird. Und das ist schriftgemäß. „Wenn jemand meint, er diene Gott, und zügelt nicht seine Zunge, sondern betrügt sein Herz, dessen Gottesdienst ist vergeblich“ (Jakobus 1,26). Man kann einen disziplinierten Körper haben, einen disziplinierten Verstand, einen disziplinierten

Willen, sogar disziplinierte Emotionen, Verlangen und Gewohnheiten, aber ein loses Mundwerk verrät, dass die Rüstung einen fatalen Mangel aufweist. Der Charakter ist fehlerhaft.

Einige rühmen sich ihrer Offenheit. „Ich sage, was ich denke", prahlen sie. Das macht auch der Narr, wie die Bibel sagt: „Seinen ganzen Unmut lässt der Tor herausfahren ..." (Sprüche 29,11). Offenheit ist in der Tat eine Tugend, wenn sie mit intelligentem, liebevollem Taktgefühl und Diskretion gekoppelt ist. Aber sie wird zu einem sadistischen Laster, wenn sie nichts anderes als ein ungehemmtes Hervorsprudeln von Meinungen ist – ohne Rücksicht auf Zeit und Ort oder menschliche Gefühle. „Da ist ein Schwätzer, ‹dessen Worte sind› Schwertstiche; aber die Zunge der Weisen ist Heilung" (Sprüche 12,18). Sich des Redens zu enthalten erfordert oftmals ein weit höheres Maß an Disziplin als etwas zu sagen. Auf Äußerungen zu verzichten ist im gleichen Maß eine christliche Tugend wie Offenheit.

Die Bibel hat erstaunlich viel über das Beherrschen der Zunge zu sagen. Für Jakobus ist es eindeutig der Eckstein disziplinierten Lebens. „Wenn jemand nicht im Wort strauchelt, der ist ein vollkommener Mann, fähig, auch den ganzen Leib zu zügeln" (Jakobus 3,2). Zugegebenermaßen ist dies ein Niveau der Vollkommenheit, das nur wenige erlangt haben, aber es liegt für jeden in Reichweite; und zu unserer Sichtweise des disziplinierten Charakters sollte unbedingt auch eine solche Vorsicht beim Reden gehören.

KAPITEL 2.5

Prioritäten

Außerdem verfügt ein wahrlich disziplinierter Charakter über die Fähigkeit, das Kleinere dem Größeren unterzuordnen. Hier stößt man auf das Problem der Prioritäten – wahrscheinlich das schwierigste Problem im Leben. Davon, wie man es löst, hängen

Erfolg oder Versagen ab, Verbesserung oder Verschlechterung, und im weiteren Sinne Himmel oder Hölle.

Der Konflikt besteht dabei in erster Linie nicht darin, ein klares Bild davon zu bekommen, was von größerer Bedeutung ist, denn alle Christen erkennen an, dass Gott und Seine Gemeinde in unserem Leben den wichtigsten Platz einnehmen sollten. Ohne zu zögern würden wir einräumen, dass der Himmel ein unendlich kostbareres Ziel ist als irdische Besitztümer, dass Menschen wichtiger sind als jeglicher Profit, dass die Kultur der Seele und des Verstandes erstrebenswerter ist als Unterhaltung, dass Charakter von weit größerem Wert ist als Vergnügen, dass Nützlichkeit besser ist als Nichtstun, dass das Gewinnen von Seelen die Krönung aller Errungenschaften des Lebens ist, dass Gerechtigkeit unendlich viel mehr Zufriedenheit bringt als Popularität. Wenn wir mit diesen einfachen Alternativen direkt konfrontiert werden, wissen wir sofort, was wir gutheißen sollen. Wir würden sagen: „Ja, diese haben den größten Wert und es ist mein größtes Bestreben, sie zu verwirklichen." Das Problem ist deswegen nicht das Wissen. Das Problem besteht in Wirklichkeit darin, diesen Werten im praktischen Leben des Alltags den ersten Platz einzuräumen – und das ist hauptsächlich ein Problem des Charakters.

Dazu gehört die Fähigkeit, tagtäglich jenem großen Heer möglicher Aktivitäten Einhalt zu gebieten – Aktivitäten, die lautstark nach unserer kostbaren Energie verlangen, die aber das Erledigen wichtigerer Dinge erschweren. Wir alle werden mit einer verwirrenden Vielzahl von Forderungen nach unserer Zeit, unseren Talenten, Mitteln und Verpflichtungen konfrontiert. Die Forderungen sind nicht nur Legion, sondern auch laut und hartnäckig. Wollte man den Versuch machen, auch nur die Hälfte von ihnen zufrieden zu stellen, würde das dazu führen, dass man das Leben verplempert und nichts davon übrig bleibt. Wenn wir in unserem Leben entschlossen und erfolgreich sein wollen, müssen wir heroisch und entschieden bei den möglichen

Aktivitäten, die jeden einzelnen Tag zu sehr ausfüllen, das Messer ansetzen.

Entscheidungen – Entscheidungen – Entscheidungen! Das ist das Gesetz des Lebens. Wir können uns nicht allem anschließen; deshalb müssen wir uns für etwas entscheiden. Wir können nicht bei jeder guten Sache mitmachen; deshalb müssen wir uns für etwas entscheiden. Wir können nicht für jedes mögliche Anliegen spenden; deshalb müssen wir uns für etwas entscheiden. Wir können nicht zu jedem interessanten Konzert, zu jeder interessanten Vorlesung oder Versammlung gehen; deshalb müssen wir uns für etwas entscheiden. Wir können nicht alles lesen; deshalb müssen wir uns für etwas entscheiden.

Belesenheit zu erlangen ist weit mehr als nur Lesen; man muss dazu sowohl ausschließen als auch einbeziehen. Präsident Case von der Boston University sagte einmal: „Wenn man ein Spe- zialist für neutestamentliche Literatur werden möchte, muss man sich für immer von den Comics verabschieden." Und auch von einer ganzen Menge anderen Lesestoffs! Welches Ziel auch immer man verfolgt: man kann es nur dann erreichen, wenn man das Geringere opfert. Dies erfordert hochrangige Disziplin.

Unser Format als Männer und Frauen und ganz gewiss unser Format als Christen wird genau und vollständig dadurch bestimmt werden, wie gut wir im Entscheiden sind. Wenn wir den Beschäftigungen, die nicht wirklich wichtig sind, höchste Priorität einräumen, wenn wir „Nebenfächer zu Hauptfächern machen", wenn wir uns vorrangig dem widmen, was nur zweitrangig ist, wenn wir zulassen, dass Freunde und Impulse und das, was im Moment vorteilhaft ist, unsere Prioritäten vorgeben, während wir uns träge von den Umständen des Alltags hin- und hertreiben lassen, dann werden wir als Menschen schäbig, mittelmäßig und untauglich sein.

Wenn wir gewisse Prioritäten bejahen, ihnen aber nicht Tag für Tag den ersten Platz zugestehen; wenn wir es zulassen, dass sie im „Niemals-niemals-Land" der guten Absichten verbleiben, ohne strenges Befolgen und zwar sofort – dann kann man sicher sein, dass das Endresultat, was den Charakter betrifft, gleich null sein wird. Jetzt müssen wir „Ja“ zu diesem und „Nein“ zu jenem. sagen. Jetzt müssen wir vorrangige Dinge vorrangig behandeln. Und wir müssen das tun, egal, wie viel angenehmer und attraktiver andere Dinge im Moment sein mögen. Es wird berichtet, dass einmal ein Schriftsteller zu Sir Winston Churchill sagte, dass er nur dann schreiben konnte, wenn ihn eine gewisse „Stimmung“ überkam, worauf ihm der große Staatsmann zur Antwort gab: „Nein! Sie müssen sich von neun bis eins in Ihr Arbeitszimmer einschließen und sich zum Schreiben zwingen. Geben Sie sich selbst einen Schubs! – Geben Sie sich einen Tritt! – Das ist der einzige Weg.“

Diese Ebene der Disziplin befähigt den Leser eines spannenden Romans, ihn wegzulegen, wenn die Pflicht ruft; er wird nicht so von ihm gefesselt sein, dass er alles andere vernachlässigt. Sie wird denjenigen, der sie über sie verfügt, befähigen, im Sommer zu arbeiten, nicht die goldenen Stunden zu verplempern und dann in Panik zu geraten, wenn der Winter droht. Sie wird ihn aus dem Bett werfen, wenn noch genügend Zeit ist, sodass er ohne Hetze zur Arbeit geht, was viel besser ist als noch eine halbe Stunde herumzutrödeln und es dann den restlichen Tag zu bereuen. Oder sie wird morgens die Betten und den Abwasch machen, anstatt damit bis zum Nachmittag zu warten und sich dann zu wünschen, es doch früher erledigt zu haben, vielleicht sogar in Tränen – wegen der vernachlässigten Hausarbeit, die ihr plötzlich ins Gesicht starrt. Und der Student wird sich schon zu Beginn des Semesters hinsetzen, um zu lernen, anstatt sich treiben zu lassen und herumzuspielen, bis bedrohlich näher rückende Prüfungen ihn dazu zwingen, fieberhaft die Nächte hindurch zu pauken. „Gib dir selbst einen Schubs! – Gib dir einen Tritt! – Das ist der einzige Weg.“

KAPITEL 2.6

Anpassen an Autorität

Letztlich zeichnet sich der disziplinierte Charakter durch die Fähigkeit aus, auferlegte Disziplin gutwillig und mit Gewinn anzunehmen. Es ist keinesfalls leicht, natürliche Initiative und Durchsetzungsvermögen rechtmäßiger Autorität unterzuordnen. Aber das muss man tun, wenn man höchstes Glück und Nützlichkeit erwartet und wenn man einen reifen Charakter erlangen möchte Es kann manchmal sein, dass Rebellieren die klare Pflicht der Stunde ist. Aber bei den meisten normalen Beziehungen im Leben ist Rebellion dumm und zerstörerisch. Wenn jemand ständig rebelliert, hat er keinen Grund, stolz darauf zu sein. Gewohnheitsmäßiges Rebellieren ist der Kult der Schwächlinge, nicht der Starken. Es erfordert weder Intelligenz noch Charakter, lautstark zu bekräftigen: „Mir hat keiner zu sagen, was ich tun soll." Aber beide sind erforderlich, wenn man sich den unausweichlichen und notwendigen Zwängen der Gesellschaft unterordnet – nicht widerwillig, sondern liebenswürdig, mit Reife, Verständnis und freudiger Gutwilligkeit.

Das nicht zugerittene Fohlen hat nur wenig Wert. Welchen Wert es auch besitzt, ist darauf gegründet, dass es nicht in diesem Zustand bleiben wird. Der Mensch, der seinen wahren Platz und Wert findet, ist derjenige, der lernt, das Joch zu tragen. Wenn ein junger Mann oder eine junge Frau lernt und begreift, dass das Leben aus einem Bündel von Beziehungen besteht, das sowohl Geben als auch Nehmen beinhaltet, sowohl Unterordnung als auch Beherrschen, in dem Moment beträgt sein oder ihr Wert für die Gesellschaft ein mehr als Vielfaches. Dies wird als Erstes zu Hause deutlich, dann in der Schule, dann in der Gemeinde, dann am Arbeitsplatz. Ob man nun Rechtsanwalt ist oder Arzt oder Eisenbahningenieur oder Büroangestellter – ganz egal, wo oder wie man arbeitet: es gibt Regeln, Prinzipien der Ethik, staatliche Verordnungen, höhere Ebenen der Autorität, wie zum Beispiel

Arbeitgeber, Aufsichtsräte, Geschäftsführer, Abteilungsleiter etc., denen man sich unterordnen muss. Wenn wir ständig nur um uns schlagen und uns ärgern, werden wir, milde ausgedrückt, unglücklich sein und in der Gefahr stehen, uns treiben zu lassen. Widersetzlichkeit, Selbstsüchtigkeit, Elend und Nutzlosigkeit gehen Hand in Hand.
Der Christ muss natürlich sichergehen, dass er eine solche Unterordnung unter auferlegte Disziplin nicht damit verwechselt, dass er blind und ohne zu denken den Wünschen und Vorstellungen von jedermann in seiner Umgebung folgt. Richtige Unterordnung unter rechtmäßige Autorität bedeutet auf keinen Fall Gleichförmigkeit mit der Welt. Sogar jener Geist der Unterordnung, den gläubige Ehefrauen ihren ungläubigen Ehemännern gegenüber zeigen sollen, was eine solche Feuerprobe für die geistliche Reife der Frau darstellt, darf nicht so ausgelegt werden, dass die Frau Forderungen gehorchen muss, die ihr Gewissen als Christin verletzen würden.

Dann ist im größeren Rahmen, wie zum Beispiel in der Welt der Gewohnheiten und Gebräuche, eine gewisse Unabhängigkeit von Geist, Meinung und Praxis zu loben. Disziplin heißt nicht, dass von uns immer nur ein Echo zu hören ist. Der weise Christ muss lernen, sich dem einen Joch unterzuordnen, ein anderes jedoch abzuwerfen. Wenn in den Bereichen des persönlichen Lebens und der Gewohnheiten überhaupt etwas vorgeschrieben werden muss, dann sollte das von der Gemeinde kommen und nicht von der Welt. Aber auch die Gemeinde darf nicht zu viel vorschreiben. Christen müssen ihren eigenen Weg zwischen extremer Nonkonformität und extremer Unterwerfung finden. Sie müssen lernen zu erkennen, wo die Grenze ist, damit richtiges Annehmen auferlegter Disziplin sich nicht so verlagert, dass eigenes Denken und persönliche Initiative ausgelöscht werden. Widersetzlichkeit ist schlecht, aber Individualität ist gut.

Es erfordert sorgfältiges Nachdenken, um zwischen Verzerrung und Normalität in all diesen Facetten christlicher Disziplin unterscheiden zu können. Aber als wesentliche Tatsache ist klar:

Disziplin ist das Zeichen von Reife. Ohne Disziplin wird der Charakter schwach und infantil bleiben.

3

Die Gefahren von Disziplin

—

Wenn man zuerst die Tugenden des disziplinierten Lebens aufbaut, bis es nahezu als das Summum Bonum erscheint, und dann über dessen Gefahren spricht, mag das widersprüchlich wirken. Es ist wie das Antibiotikum, das geradezu als Wundermittel gepriesen wird, aber nachgewiesenermaßen tödliche Nebenwirkungen hat.

Glücklicherweise sind die tödlichen Nebenwirkungen der Disziplin etwas, das möglich, aber nicht zwangsläufig ist. Sie können vermieden werden. Aber wir müssen sie kennen, wenn wir sie vermeiden wollen. Was kann denn nun an der Diszplin gefährlich sein, wenn sie ein so ungetrübter Segen zu sein scheint?

KAPITEL 3.1

Wenn sich persönliche Stärke zeigt

Wenn man ernsthaft glaubt, dass Disziplin den höchsten Stellenwert im Leben einnimmt, ist das möglicherweise die größte Gefahr von allen. Sie hat nicht den höchsten Stellenwert. Die richtige Beziehung zu Gott ist der kostbarste Schatz, den es gibt. Göttliche Gnade, Vergebung, göttliche Gegenwart, Liebe, Glauben – diese alle sind elementarer und notwendiger. Disziplin darf nie den Ehrenplatz bekommen; dieser ist allein Jesus Christus vorzubehalten. Disziplin muss als Diener gesehen werden, nicht als Retter. Disziplin ist nichts anderes als ein praktisches Mittel, um zu lernen, wie man im eigenen Leben die höchsten Werte des Reiches Christi verwirklichen kann.

Wenn wir dieser ersten Gefahr aus dem Weg gehen, dann können wir leichter der zweiten ausweichen: der Gefahr des Stolzes. Disziplin macht einen Menschen zweifellos überlegen. Wenn er nicht aufpasst, wird sie ihn auch dazu bringen, dass er sich überlegen fühlt. Es gibt ein rechtmäßiges Gefühl der Zufriedenheit, wenn man sich selbst beherrscht. Aber es ist falsch, wenn dieses Gefühl zu Zufriedenheit mit sich selbst wird. Ein solcher Mensch mit Disziplin gibt sich selbst die Ehre, nicht Gott. Er bewundert den Charakter, den er selbst geformt hat. Mit dieser Selbstgefälligkeit kommt es auch leicht zu Snobismus. Wenn jemand auf seine Disziplin stolz ist, dann verachtet er das gemeine Volk. Wenn man dadurch der Tugend der Disziplin erlaubt, die Untugend des Stolzes zu nähren, wird die Tugend selbst zur Falle. Es ist eine so vollständige Illusion wie die Selbsttäuschung des Pharisäers, der sich unter dem Deckmantel seines Gebets selbst gratulierte: „Gott, ich danke dir, dass ich nicht bin wie die übrigen der Menschen ...“ (Lukas 18,11). Ein äußerst abstoßender Mensch ist derjenige, der, wie er meint, sich selbst geformt hat und sich seines Werkes mit vielen Worten rühmt.

KAPITEL 3.2

Die Gefahr von Extremen

Es gibt auch die Gefahr von Extremen. Die tapfere Seele, die das Verlangen hat, Härte in das Leben hineinzubringen, wird von zwei Extremen versucht. Das eine besteht in aufgezwungener Disziplin; wir können dies auch als unchristliche Strenge bezeichnen. Das andere liegt im Bereich der Selbstdisziplin: unchristliche Askese.

Jeder, der Autorität über andere hat, besonders in der Erziehung junger Menschen und Kinder, läuft Gefahr, Strenge zu üben, die an Grausamkeit grenzt. Es ist möglich, Kinder und Jugendliche in ein System von Vorschriften und Regeln wie im Gefängnis zu stecken, was sie nicht stärker, sondern härter macht. Oder sie werden dadurch in ein Schema gezwungen, in das sie nicht hineinpassen. John Wesleys Experiment der Kindererziehung in Kingswood Hill scheiterte kläglich, weil seine Prinzipien der Disziplin zu strikt waren. Das Verbot jeglichen Spielens (für Sechs- bis Zwölfjährige), um 4 Uhr in der Früh aufstehen zu müssen, freitags bis 3 Uhr nachmittags zu fasten und das Spektrum der Pflichtfächer (Lesen, Schreiben, Rechnen, Englisch, Französisch, Latein, Griechisch, Hebräisch, Geschichte, Erdkunde, Zeittafel, Rhetorik, Logik, Ethik, Geometrie, Algebra, Physik und Musik) würde entweder Mönche hervorbringen oder Verrückte!

KAPITEL 3.3

Unchristliche Askese

Aber wenn diejenigen, die dazu neigen, mit anderen streng zu sein, unweise Härte vermeiden sollen, dann müssen sich jene, die dazu neigen, selbst spartanisch zu leben, vor unchristlicher Askese hüten. Es gibt eine vernünftige Enthaltsamkeit und Zurückhaltung, die man kultivieren muss. Aber ab einem bestimmten Punkt wird selbstauferlegte Striktheit unzuträglich – wenn sie zur Pseudodisziplin wird. Unchristliche Disziplin ist viel fordernder und mehr auf Schau aus als mühsame christliche Disziplin. Sie ist radikaler und gründlicher und gibt sich deswegen überlegen. Am Ende jedoch ist sie nur eine Sackgasse. Sie verheißt viel, bringt aber wenig hervor. Sie führt nicht zu jenem warmherzigen, lebendigen, edlen Charakter, der unser christliches Ziel ist.

Wie kann christliche Disziplin von heidnischer Askese unterschieden werden? Hinsichtlich mehrerer Punkte: Askese zieht die Aufmerksamkeit auf sich selbst; Disziplin tut das nicht. Askese verhängt ihre Verbote und Regeln über Dinge, die an sich unbedeutend sind; Disziplin befasst sich weitgehend mit jenen Belangen, die ethisch bedeutungsvoll und relevant sind. Askese neigt dazu, die guten Dinge des Lebens zu verachten. Sie verleugnet Freuden und Erfahrungen, die ein Geschenk Gottes sind und die entsprechend Gottes Absicht angenommen werden sollten. Dies ist auf den Keim des Dualismus zurückzuführen, der das Kernstück unchristlicher Askese ausmacht, wonach Materie etwas Schlechtes, das Leben ein Missgeschick und der Körper schändlich ist; Heiligkeit besteht demzufolge darin, alles Irdische und Physische vollkommen zu verleugnen.

Im Gegensatz dazu verachtet christliche Disziplin niemals irdische Segensgaben, sondern sie weiht sie geistlichen Zielen. Sie erlaubt, diese mit Danksagung zu gebrauchen, nicht aber ihren Missbrauch. Sie heiligt das Physische durch Beherrschung und Leitung und stellt das Ganze Gott als Opfer oder für den Dienst zur Verfügung. Sie wird sich weder von den Sinnen versklaven lassen noch sie als etwas Schlechtes zerstören. Ihr Kennzeichen ist nicht, sich der Gaben Gottes zu enthalten, sondern Zurückhaltung zu üben; aber mehr als nur Zurückhaltung: vollständige Hingabe zur Ehre Gottes

Es kann sein, dass wahre christliche Disziplin sich manchmal Gottes gute Gaben versagt, und dies mit der Strenge eines Eremiten, aber ein solches Verzichten wird nicht Mittel zur Heiligkeit sein, sondern zum Dienst. Es wird praktiziert, nicht, weil man glaubt, dass das, was man opfert, schlecht sei, sondern weil das Opfer in dieser bestimmten Situation dabei hilft, ein noch kostbareres Gut zu gewinnen. Einige Evangelisten versagen sich ganz bewusst die Ehe, um freier und effektiver evangelisieren zu können. Damit machen sie jedoch keine Aussage über die Ehe; sie lehnen die Ehe als solche nicht ab. Ihr Leben im Zölibat ist weder ein Kennzeichen von Heiligkeit; noch ein Mittel zur Heiligkeit; es ist einfach ein praktisches Mittel zu größerer Freiheit, als Evangelist zu reisen.

KAPITEL 3.4

Was ist mit Paulus?

Paulus lebte auch im Zölibat. Oft wird der große Heidenapostel als ein Vorbild asketischen Lebens hervorgehoben. Wir werden daran erinnert, dass er 'seinen Leib zerschlug' (1.Korinther 9,27) und dass er von 'häufigem Fasten' sprach (2.Korinther 11,27); einige bestehen darauf, dass er das Zölibat sogar als die einzig richtige Lebensweise empfahl, der der Vorzug zu geben wäre. Wir lehnen dies ab. Er schrieb an die Korinther, dass es „um der gegenwärtigen Not willen gut" sei, unverheiratet zu sein, also die Ehe hinauszuschieben, wobei aber jeder andere Stand gleichwertig sei (1.Korinther 7,26). An anderen Stellen wies er diejenigen zurück, die die Ehe verboten, wie er auch gleichermaßen diejenigen zurückwies, die forderten, dass man kein Fleisch essen sollte. Um der christlichen Liebe wegen, ja: „Darum, wenn eine Speise meinem Bruder Ärgernis gibt, so will ich nie und nimmermehr Fleisch essen ..." (1.Korinther 8,13). Aber nicht aus dem Grunde, weil das Essen von Fleisch an sich schlecht sei, da es körperliches Verlangen stillt; denn er sprach das Urteil aus: „Denn jedes Geschöpf Gottes ist gut und nichts verwerflich, wenn es mit Danksagung genommen wird" (1.Timotheus 4,4).

Es ist wahr, dass er sagte: „Treibt nicht Vorsorge für das Fleisch, dass Begierden wach werden!" (Römer 13,14). Aber auch eine nur oberflächliche Betrachtung des Zusammenhangs wird zeigen, dass er damit meinte: „Treibt nicht Vorsorge, um die unrechtmäßigen Begierden einer ungeheiligten, fleischlichen Natur zu befriedigen." Ihn so auszulegen, als würde er es verbieten, natürliches Verlangen innerhalb des Rahmens von Gottes Gesetz in rechtmäßiger Weise zu stillen, würde heißen, dass man dem

Apostel unterstellt, das Leben selbst zu verleugnen. Wenn man seinen Befehl in dieser Weise wörtlich auffasste, würde das das Ende jeglicher Arbeit bedeuten und Menschen würden verhungern; denn müht man sich nicht redlich, um Vorsorge zu treffen für den körperlichen Hunger? Nein, während Paulus ein bewundernswertes Vorbild christlicher Disziplin war, kann man ihn nicht als Beispiel oder Verfechter extremer Askese anführen. Keiner erkannte deutlicher, dass reine Askese als Mittel zur Heiligkeit vergebens ist – ein Punkt, den wir später nochmals aufgreifen werden.

KAPITEL 3.5

Undisziplinierte Disziplin

Es gibt eine weitere Gefahr, mit der man sich gründlich auseinandersetzen muss: die tödliche Gefahr undisziplinierter Disziplin. Zugegebenermaßen ist sehr viel Disziplin nötig, um gewisse grundlegende Gewohnheiten zu entwickeln, die die Seele beschützen. Aber wenn man sich die Gewohnheiten antrainiert hat, benötigt man genauso viel Disziplin, um sicherzugehen, dass sie sich nicht zu Tyrannen entwickeln. Gewohnheit muss stets auf die Rolle eines Dieners beschränkt sein; sonst wird sie zum Meister und die Persönlichkeit des Betreffenden beginnt dahinzuvegetieren.

Eine wachsende Seele ändert sich ständig. Die wünschenswerte Art der Disziplin ist nicht diejenige, die das Leben in einem Zementblock fester Routine einbetoniert, sodass die jungen Triebe frischer Ideen, neuer Vorhaben und spannender Entdeckungen nicht durchdringen können; sondern die Art, die nur dazu existiert, die alten Formen des Todes abzulegen und die unproduktiven Ausläufer herauszunehmen, damit die neuen Herausforderungen des Lebens ergriffen und voll ausgeschöpft werden können. Die Disziplin der Pharisäer war zu unbeugsam; es handelte sich in der Tat um den alten Weinschlauch, der nicht in der Lage war, den neuen Wein des Reiches zu halten. Somit wurden die Pharisäer durch das, worin sie am meisten glänzten, betrogen – durch ihre Disziplin. Das, was sie für das Reich Gottes am besten ausgerüstet hätte, verwehrte ihnen den Zugang dazu. Eine höhere Form der Disziplin ist jene, die wächst und zunimmt und sich an die jeweilige Lebenssituation anpasst; nur die niedere Form der Disziplin erstarrt in statischer Perfektion. Aus diesem Grunde ist es gut und richtig, sich über die Disziplin der Disziplin Gedanken zu machen. Auch sie muss untergeordnet sein.

Wer hat nicht Bewunderung für denjenigen, der sich jeden Morgen um fünf Uhr mit großartiger Willensstärke der Anziehungskraft der Matratze widersetzt, um aufzustehen und zu beten? Er nimmt sich selbst hart an die Kandare und macht dies zur täglichen Gewohnheit in seinem Leben, wobei sich alles andere dem beugen muss. Wenn es ihm möglich ist, sollte er sich mit aller Entschlossenheit daran halten. Aber angenommen, dass Reisen oder ein paar unvermeidbare Nächte, in denen er spät ins Bett kommt, oder Krankheit in der Familie bedeuten, dass das morgendliche Aufstehen um fünf zu nachlassender Leistungsfähigkeit, Überempfindlichkeit, verschwommener Urteilskraft, schläfrigen Augen und ständigem Gähnen führen wird, wenn die Pflicht Wachsamkeit erfordert, und er dann selbst krank wird und dadurch seine Arbeit verliert, was zur Folge hat, dass die Finanzen schief liegen und zusätzliche Bürden auf seiner armen Frau lasten, die bereits überarbeitet ist und sich nun um ein ganzes Krankenhaus kümmern muss – dies alles wegen ihres Mannes, der mit sturem, aber unweisem Mut entschlossen ist, an seiner Gewohnheit festzuhalten. Eine intelligentere Form der Disziplin wäre es, flexibel zu sein, bis sich die Umstände normalisiert haben, und dann die alte Gewohnheit wieder aufzunehmen, sobald diese umsetzbar ist; oder, wenn es nötig sein sollte, sie aufzugeben und auf einem anderen Wege Zeit für Gebet und Segen zu finden. Gottes Gnadengaben sind nicht auf fünf Uhr morgens beschränkt.

Ein Evangelist hatte viele Jahre lang die Gewohnheit, jeden Mittwoch und Freitag zu fasten, wovon er nicht abließ, egal, wie die Umstände waren. Nachdem er einmal mehrere Monate verreist war, kehrte er zu seiner Familie zurück, die es nicht erwarten konnte, ihren Papa wieder bei sich zu haben. Als sie alle ganz aufgeregt am Tisch Platz genommen hatten, um nach der langen Zeit der Trennung endlich wieder als Familie zusammen zu essen, dankte er für das Mahl, stand vom Tisch auf und schloss sich in sein Zimmer ein; es war einer seiner Fastentage. Ein Schatten der Enttäuschung fiel auf die verständnislosen Kinder. Einerseits könnte das als heldenhafte Selbstverleugnung angesehen werden. Ich frage mich, ob es nicht eher so war, dass er sklavisch an eine Gewohnheit gefesselt war. Selbst wenn vielleicht Selbstverleugnung vorhanden war, ist es doch gewiss, dass in einem noch größeren Ausmaß auch eine Verleugnung der Familie bestand. Eine bessere Disziplin hätte die Tyrannei belangloser Regeln verachtet und hätte ihm vorgeschrieben, mit seiner Frau und den Kindern zusammen ein frohes, herzhaftes Mahl zu essen und dann wieder zur Routine des Fastens zurückzukehren, wenn er sich auf die nächste Reise begab, um auswärts zu predigen.

Wenn wir unsere Disziplin disziplinieren, müssen wir nicht nur unsere Verhaltensmuster dem Leben selbst unterordnen und sie dort belassen, sondern wir müssen lernen, die Unterbrechungen des Lebens zu integrieren und, wo es möglich ist, das Beste aus ihnen zu machen. Wir könnten dies als intelligente Flexibilität und Unverwüstlichkeit bezeichnen. Egal, wie gut wir unser Leben ordnen, indem wir feste Strukturen und Routine schaffen, können wir doch keine Kontrolle über die unerwarteten Ereignisse haben, die ein ständiges Anpassen erfordern. Einige Menschen können sich nicht schnell anpassen. Entweder weigern sie sich, der Realität ins Auge zu sehen, und stürmen dann einfach aufs Geratewohl los, wobei sie oft andere verletzen; oder sie sind, nachdem sie sich an die unerwartete Anforderung an gepasst haben, vollkommen desorganisiert und für den Rest des Tages demoralisiert. Sie können sich nicht wieder aufrappeln. Bei diesen zwei verschiedenen Typen sehen wir das unbeugsame Schürhaken-Rückgrat und das nachgebende Makkaroni-Rückgrat – was überhaupt kein Rückgrat ist. Aber bei keinem dieser Extreme sehen wir wahre Disziplin.

Es ist ein Fehler, anzunehmen, dass diszipliniertes Leben ausschließlich aus strikten Regeln, Routine und Gewohnheit besteht; oder dass es dann perfekt praktiziert wird, wenn man es vermag, den genauen Tagesablauf zu bestimmen und sich dann auf diesem Weg durchzuhauen – koste es, was es wolle. Zu viele andere Menschen und berechtigte Ansprüche werden durch eine Verbissenheit dieser Art niedergetrampelt. Eine solche Selbstdisziplin ähnelt zu sehr der Starrköpfigkeit und dem Eigensinn. Sie kann ein Symptom grundlegender Selbstsüchtigkeit sein.

Dies mag vielleicht einige schockieren, die sich so damit abgemüht haben, einen gewissen Anschein von Ordnung in ihr Leben zu bringen und einen gesunden Respekt vor der Uhrzeit zu kultivieren. Sie wissen, dass sie nur dann Höchstleistung vollbringen können, wenn sie Zeit und Energie streng reglementieren. Nachdem sie ein gewisses Maß einer solchen Beherrschung erreicht haben, wollen sie vor allem die Zügel fest in der Hand behalten; und sie erwarten, dass die Welt auf die Seite rückt, damit sie mit ihrer wohl geordneten Kutsche ungestört und ungehindert durchrauschen können. Wenn sich die Welt hereindrängelt und die Pferde abbremst und die Kutsche zum Schaukeln bringt, neigen sie zur Bockigkeit. In ihren Augen ist es ein Kennzeichen von Stärke, wenn sie auf die Pferde einpeitschen, die Störenfriede beiseite schieben und über die Hindernisse hinwegsetzen. Aber es gibt eine höhere Art von Stärke. Es ist die Fähigkeit, sich anzupassen, ohne abgelenkt zu werden, innezuhalten, ohne den ganzen Tag lang anzuhalten.

Viel wichtiger als unsere engstirnigen, kleinen Systeme sind Menschen. Das oberste Ziel all unserer Selbstdisziplin sollte sein, Menschen zu helfen. Die Züge, die gebaut werden, um

Menschen zu tragen, sollen sie nicht überfahren. Es wird die Geschichte eines jungen Mannes erzählt, der einem Richter gegenüberstand, der ihn mit den folgenden Worten tadelte: „Sollten Sie sich nicht schämen, dass Sie hier vor mir in dieser schwerwiegenden Sache als Angeklagter stehen – Sie, wo Ihr Vater doch ein berühmter und höchst anerkannter Jurist ist?“ Der junge Mann antwortete bitter: „Nein, ich schäme mich nicht. Als ich jünger war und bei ihm sein wollte und manchmal versuchte, seine Aufmerksamkeit zu erlangen, sagte er immer: ‘Geh weg, Junge, ich bin zu beschäftigt, mein Buch Das Gesetz der Treuhandschaften zu schreiben.‘ Jetzt hat er sein Buch Das Gesetz der Treuhandschaften und ich bin hier.“ Jener Vater vergaß, dass Elternschaft selbst eine Treuhandschaft ist. Er benötigte Selbstdisziplin, um der Aufgabe nachzukommen, sein Buch zu schreiben, aber dabei vernachlässigte er eine größere Pflicht.

Der Wert von Ordentlichkeit wird keineswegs gemindert. Jene Art von Disziplin, die das Leben in Form bringt, ist absolut notwendig. Oft ist sie heldenhaft und sie ist immer bewundernswert – aber nur als Mittel zu einem Zweck, der jenseits von ihr liegt, nicht als Zweck an sich. Ein disziplinierter Charakter kann, wenn es nur darum geht, einen disziplinierten Charakter zu haben, genauso vergebens und nutzlos sein wie ein undisziplinierter Charakter. Das Ziel muss größere Nützlichkeit sein und alle die verschiedenen Züge von Disziplin müssen dazu gezwungen werden, diesem einen Ziel Tribut zu leisten. Die Selbstverleugnung, die nötig ist, um diese Disziplin zu erreichen, das Beherrschen von Impulsen, das Auspeitschen von Trägheit – dies ist alles lobenswert; aber es ist nicht lobenswert, wenn wir Menschen und ihre unmittelbaren Bedürfnisse ignorieren, nur um unser idealistisches Programm zu beschützen. Denn unsere Beziehungen als menschliche Wesen müssen immer Vorrang haben vor unseren Beziehungen als Automaten.

4

Disziplin und Heiligkeit

—

Auf weitere Gefahren bezüglich Disziplin trifft man bei dem Versuch, sie mit Heiligkeit in Beziehung zu bringen. Hier neigt das menschliche Herz dazu, vier Fehler zu begehen.

KAPITEL 4.1

Disziplin ist nicht Heiligkeit

Ein Fehler besteht darin, diszipliniertes Leben mit heiligem Leben zu verwechseln. Diese sind nicht dasselbe. Heiligkeit ist eine religiöse Realität, die in ihren Beziehungspunkten über das Selbst hinausgeht. Andererseits kann Disziplin mit Egoismus beginnen und enden. Heiligkeit ist bedeutungslos, wenn sie nicht die Beziehung von jemandem zu einem heiligen Gott und seinen moralischen Zustand in den Augen jenes Gottes definiert. Ein Mensch kann in seinem Leben Disziplin erlangen und dabei Gott total übergehen. Möglicherweise denkt er überhaupt nicht an Gott. Aber bei Heiligkeit ist Gott auch immer in den Gedanken zu finden.

Athleten, die ein hartes Programm der Selbstreglementierung und Selbstverleugnung absolvieren, das den durchschnittlichen Christen bei weitem in den Schatten stellt, sind dafür ein Beispiel. Paulus sagt, dass sie es für „einen vergänglichen Siegeskranz“ tun, wir aber für „einen unvergänglichen“ (1. Korinther 9,25). Wenn Disziplin in Verbindung mit dem Himmel steht und dieser ihr Ziel darstellt, geht sie eine Verbindung mit Heiligkeit ein – aber nur dann.

Auch der Geschäftsmann mag in seiner vollständigen Hingabe an den Mammon Körper wie Seele verleugnen. Dabei lebt er vielleicht sogar in Reinheit und Einfachheit, aber nur, weil ein solches Leben seinen Zielen besser dient. Der reiche Mann in dem Gleichnis unseres Herrn sagte sich: „Ruhe aus", womit er höchstwahrscheinlich andeutete, dass er sich zuvor niemals ausgeruht hatte (Lukas 12,19). Sehr wahrscheinlich hatte er Trägheit und Nachgiebigkeit sich selbst gegenüber gehasst. Er hatte am Götzenaltar von harter Arbeit, Sparsamkeit und Fleiß, frühem Aufstehen und langen Arbeitstagen gedient. Er hatte es verschmäht, die ihm zur Verfügung stehende Zeit zu vertrödeln. Er war das Vorbild eines ordentlichen Bürgers gewesen – extrem fleißig, solide, wohlhabend. Aber Gott nannte ihn einen Toren. Er hatte Disziplin ohne Heiligkeit. „Jedem aber, dem viel gegeben ist – viel wird von ihm verlangt werden" (Lukas 12,48). Jeder, dem die Fähigkeit gegeben ist, ein diszipliniertes Leben zu erzielen, wird sich im Gericht für seinen Mangel an heiligem Leben verantworten müssen.

Es ist nicht schwer, Staatsmänner, Politiker, Lehrer, Wissenschaftler, Ärzte, Künstler und Musiker ausfindig zu machen, die aufgrund von jahrelangem Fleiß und Disziplin Spitzenpositionen erreicht haben, von Gott aber weit entfernt sind. Es ist sogar möglich, vergnügungssüchtig zu sein, was der Inbegriff von Nutzlosigkeit und Selbstsucht ist, und doch in dem Streben nach Vergnügen ein selbstbeherrschtes und geregeltes Leben zu führen. Derjenige, der durch und durch ein Genussmensch ist – ganz unverhohlen hinter allen Annehmlichkeiten des Lebens her, die er nur bekommen kann –, kann so schlicht und untadelig wie ein Eremit leben. Denn wenn er möglichst viel Vergnügen genießen will, muss er Schmerz vermeiden. William Henry Roberts bringt es so zum Ausdruck: „Dies schließt sofort aus, dass man jedem beliebigen Impuls einfach nur nachgibt. Der weise Mensch schaut nach vorne und schaut sich um. Wenn wir das Leben in dieser Weise genau prüfen, verliert jede Art von Ausschweifung, Gewalt und Extravaganz jeglichen Reiz."[3] Warum? Weil Ausschweifung, Gewalt und Extravaganz schlecht sind? Nein, sondern weil sie mehr Schmerz als Vergnügen mit sich bringen. Deswegen scheut der Genussmensch jede Form von Unmäßigkeit. Seine Motive sind nicht besser als jene, die den Trunkenbold antreiben; er ist nur raffinierter.

Manchmal ist es jungen Menschen ein Rätsel, wenn sie solch liebenswürdige, ausgeglichene, freundliche Nachbarn erleben (die es gleichermaßen vermeiden, mit dem Geist erfüllt zu werden wie sie dem Alkohol aus dem Weg gehen), und sind versucht, zwischen ihnen und Christen einen Vergleich anzustellen, bei dem Letztere schlechter abschneiden, weil ihr Leben bei weitem nicht so artig und beherrscht ist, sondern eher einem Vulkan ähnelt. Aber wir dürfen niemals den Gärtner in seinem Garten dem Soldaten in der Schlacht vorziehen, wenn der Feind vor den Toren steht und jeder Mann gebraucht wird. Der sanftmütige Gärtner wird dann nicht als etwas Besseres, sondern als geradezu selbstsüchtig und verantwortungslos angesehen. In gleicher Weise ist das wohlgeregelte, disziplinierte Leben des Genussmenschen nebenan Heuchelei. Der bestrebte Christ hat vielleicht noch nicht dasselbe Niveau der Disziplin erreicht, aber er ist zumindest aus dem engen, kleinen Zirkel seines Selbsts ausgebrochen und hat sich dem großartigsten Anliegen der Welt verschrieben.

KAPITEL 4.2

Disziplin ist kein Ersatz

Eng verbunden mit diesem ersten Fehler ist der zweite: der tragische Irrtum, wenn Disziplin als Ersatz für Heiligkeit zugelassen

3 *The Problem of Choice*, S. 142. 1961

wird. Der Mensch, der sich selbst vollkommen unter Kontrolle hat, neigt leicht zu Zufriedenheit. Er hat sich selbst als Meister bewiesen – wozu braucht er einen anderen Meister? Es gibt welche, die schlau genug sind, den Nutzwert eines wohlgeregelten, konventionell untadeligen Lebens zu sehen, die aber nicht groß genug sind, um zu erkennen, dass das Leben eine dritte Dimension hat. Sie sind zu klein dazu. Sie sind zufrieden mit einer beschränkten, kleinen Angesehenheit, die ihrer Bequemlichkeit als Geschöpfe eine gewisse Aura der Würde verleiht. Sie sind in ihre eigene Selbstgerechtigkeit gehüllt und scheinen von jeglichem Gefühl des Mangels unberührt zu sein. Sie haben es nicht nötig, Buße zu tun, denn sie haben keine Laster. Sie vermeiden jede Art von Extravaganz. Sie sind korrekt in ihrem Verhalten, ehrlich in ihrem Geschäft, ihre Gewohnheiten sind geregelt, ihr Leben ist ordentlich und gut eingerichtet. Sie wissen, wann sie mit dem Essen aufhören sollen; sie gehen nicht zu spät ins Bett und stehen früh auf. Sie sind überkorrekt und mustergültig.

Aber sie sind zu oberflächlich, um von tiefgründigen Fragen nach dem Tod und der Unsterblichkeit, nach Sünde, Wahrheit, Pflicht oder Gott hin- und hergerissen zu werden. Sie werden nicht von einem Gefühl der Schuld gequält. Sie werden nicht von einem Hunger und Durst nach Gerechtigkeit heimgesucht. Ihre einzige Besessenheit ist es, alle diese erschreckenden Gedanken zu vermeiden. Sie wünschen sich nichts mehr, als alleine gelassen zu werden, und fürchten nichts mehr, als dass solch Schmerzhaftes den gleichmäßigen Verlauf ihres Lebens stört.

In der Tat ist es schwierig, die Abwehrstellung dieser selbstgefällig zufriedenen, selbstsicheren Menschen zu durchdringen. Man kann wahrlich glauben, dass ihnen der Teufel selbst bei ihrer Disziplin beigestanden hat. Ihre Disziplin ist ihnen zur Verdammnis geworden. Die Disziplin, die Gott brüskiert und dabei die Seele zu einem netten, kleinen Ball der Korrektheit zusammenschrumpfen lässt, wird zu einem Monstrum. Sie ist wie der Zauberer, der deine Aufmerksamkeit fesselt, während er dir die

Taschen leert. Sie öffnet die Türen der Erde und versperrt gleichzeitig die Tore zum Himmel.

KAPITEL 4.3

Disziplin ist nicht der Weg zur Heiligkeit

Aber wenn es der Fehler der Unreligiösen ist, Disziplin als Ersatz für Heiligkeit zu akzeptieren, dann wird der dritte Irrtum von denen begangen, die religiös gesinnt sind. Ich meine hiermit die uralte Annahme, dass Disziplin das Mittel zur Heiligkeit sei. Diese Annahme liegt dem Mönchtum und der Askese zugrunde. In der Tat wird Disziplin, wenn sie als Mittel zur Heiligkeit gesehen wird, zur Askese. Religiöse Literatur ist oft durchtränkt von dieser Vernarrtheit. Es handelt sich um eine Illusion, die nur schwer abzulegen ist. Zweifellos stellt diszipliniertes Leben eine notwendige Hilfe dar, wenn es darum geht, Heiligkeit zu bewahren und in einen festen Charakter und Tüchtigkeit im Leben auszuformen. Aber auch nicht das geringste Quantum an Disziplin allein wird das sündige Herz heilig machen. Es mag vielleicht bestimmte Sünden in Ketten legen; es kann scheinbar die Krankheit gefangen halten und ihre Auswirkungen eingrenzen. Aber es kann nicht ein reines Herz erschaffen.

Paulus war hier sehr deutlich in seinem Schreiben an die Kolosser. Er hielt ihnen vor: „... was unterwerft ihr euch Satzungen, als lebtet ihr noch in der Welt: Berühre nicht, koste nicht, betaste nicht! – was ‹doch› alles zur Vernichtung durch den Gebrauch bestimmt ist – nach den Geboten und Lehren der Menschen?“ (Ko- losser 2,20-22). Dann wies er deutlich auf den Trugschluss hin: „Das ‹alles› hat zwar einen Anschein von Weisheit, in eigenwilligem Gottesdienst und in Demut und im Nichtverschonen des Leibes – ‹also› nicht in einer gewissen Wertschätzung – ‹dient aber› zur Befriedigung des Fleisches“ (Kolosser 2,23). Jene, die auf dem Wege der Askese nach Heiligkeit streben, haben eine gewisse grimmige Freude an ihrer Entbehrung und vervielfachen in zunehmendem Maße Regeln und Verbote bezüglich geringster und kleinster Lappalien, bis sie darin eingebunden sind wie Lazarus in seinen Grabtüchern. Ihr Stolz wird genährt, ihr Geist kristallisiert sich in schroffer Gesetzlichkeit und ihr Leben wird zu einer Grabstätte; aber dabei erreichen sie keine Heiligkeit.

Der Hauptgrund dafür, dass Disziplin allein keine Heiligkeit bewirken kann, liegt in der angeborenen Sündhaftigkeit. Die Psychologie der Sünde, wie sie in Römer 7 beschrieben wird, mag von der modernen Fachsprache weit entfernt sein, aber sie findet in der menschlichen Erfahrung Bestätigung. Da wird das Prinzip der Sünde gesehen als eine tief liegende Perversität, die weder durch Selbstkultur noch durch den Arm des Gesetzes ausgerottet werden kann. Es ist eine irrationale Verkrümmung, die jedem Versuch des Moralisten, sie hinzubiegen, ausweicht und ihn vor Rätsel stellt. In der Tat verwendet Paulus Worte, die nahezu implizieren, dass es sich bei Sünde um ein Ding handelt – fast so, als ob man es unter dem Mikroskop ausmachen könnte. Mit seiner Ausdrucksweise will er nur klar machen, dass Sündhaftigkeit tiefer als eine Handlung ist – dass es sich bei ihr um eine beharrliche Tendenz in der Gesamtheit des menschlichen Wesens handelt, dies aber als fremdartige Eigenschaft, die da genauso wenig hingehört wie verhedderte Knoten in die Haare eines Kindes; und es liegt außerhalb der Macht des Menschen, sie zu entfernen. Um es nochmals zu sagen: Die Lösung liegt jenseits sowohl des Gesetzes, das von anderen auferlegt wird, als auch der selbstauferlegten Disziplin.

Es gab einmal einen streunenden, schwarzen Spaniel, der vorgab, uns zu „adoptieren“. Er war ein Prachtexemplar von Hund, gesund und freundlich. Nachdem wir vergeblich versucht hatten, seinen Besitzer ausfindig zu machen, beschlossen wir, ihn zu behalten, und kauften ihm ein schönes Halsband, eine Leine und eine Hundemarke. Vom Gesetz her gehörte er uns. Er konnte eindeutig als unser Hund identifiziert werden – die Hundemarke an seinem Halsband wies deutlich auf diese Tatsache hin. Aber bald fanden wir heraus, dass ihn nur die Leine daran hinderte, sein zwanghaftes Streunen wieder aufzunehmen. Nach mehreren Tagen, in denen wir ihn mit der Leine in dieser Weise in Schranken hielten, ihn gut fütterten, viel streichelten und mit ihm spielten, waren wir zuversichtlich, dass er nun von seiner Wanderlust geheilt war und bei uns bleiben würde. Aber in dem Moment, wo er frei vom „Gesetz" war, sprang er freudig die Straße entlang, um mit einem anderen Hund zu spielen – absolut taub gegen all unser Befehlen und Zureden. Nur der Hunger brachte ihn zurück. Schließlich half sogar das nichts mehr und er verschwand für immer – Hundemarke hin oder her. Tatsächlich hatte das Gesetz schneller und deutlicher zum Vorschein gebracht, was er wirklich war – ein Vagabund.

Der Apostel besteht unter Inspiration darauf (und die Erfahrung beweist es), dass alle Versuche in der Welt des menschlichen Charakters, das rebellische Herz durch Disziplin zu innerer Heiligkeit zu bringen, genauso vergeblich sind wie die Versuche, die wir in der Hundewelt unternahmen. Das fleischliche Herz ist wie ein Luftballon: wenn man es mit dem Finger der Disziplin an einer Stelle eindrückt, dann dehnt es sich einfach nur an einer anderen Stelle weiter aus.

KAPITEL 4.4

Leiden heiligt nicht

So ungern wir die Hoffnung in die Disziplin des Gesetzes (entweder von Gott oder der Gesellschaft auferlegt oder selbstauferlegt) aufgeben, fällt es uns sogar noch schwerer, nicht mehr auf die Disziplin des Leidens zu vertrauen. Dichter scheinen der Annahme zu sein, dass nur mehr Schmerz nötig sei, um uns frommer zu machen. Sie glauben, dass Tränen die Macht haben, die Seele reinzuwaschen. Aber dabei vergessen sie, dass das Leiden, das einige sowohl weicher als auch stärker macht, andere verhärtet und schwächt. Das Leiden der Fantine in Les Misérables brachte nicht eine verfeinerte, sanftmütige Heilige hervor, sondern eine verzweifelte, abgehärmte Prostituierte, die wie eine Katze fauchen und kratzen konnte.

Es ist wahr, dass es in Hebräer heißt: „Denn sie züchtigten ‹uns› zwar für wenige Tage nach ihrem Gutdünken, er aber zum Nutzen, damit wir seiner Heiligkeit teilhaftig werden. Alle Züchtigung scheint uns zwar für die Gegenwart nicht Freude, sondern Traurigkeit zu sein; nachher aber gibt sie denen, die durch sie geübt sind, die friedvolle Frucht der Gerechtigkeit" (Hebräer 12,10-11). Hier sehen wir Züchtigung und Heiligkeit miteinander verbunden – wie es scheint, in einer Beziehung von Ursache und Wirkung. Gerechtigkeit ist die „friedvolle Frucht" des Leidens (als eine Art Kettenreaktion). In der Tat ist dies Gottes Hoffnung und Absicht, wenn er es zulässt. Es gibt jedoch ein Glied in der Kette, von dem ausgegangen wird, wenn es auch keine Erwähnung findet. Leiden ist nicht dazu bestimmt, selbst eine reinigende Wirkung zu haben, sondern es soll die Seele zu Dem hintreiben, Der ist. Leiden, das Heiligkeit vorausgeht, dient einem großartigen Zweck: Es zeigt uns unsere Hilflosigkeit, unsere Begrenztheit, unsere Unsicherheit und es zeigt uns, dass wir Gott brauchen. Wie das Gesetz zeigt es uns unseren Eigensinn und unsere Rebellion. Es zeigt uns die Torheit von Halsstarrigkeit und Stolz. Es macht uns dadurch weiser – weise genug (so ist die Hoffnung), dass wir uns Gott in zerbrochener Zerschlagenheit ganz hingeben und zulassen, dass uns Seine Gnade innerlich verändert.

Nein, Heiligkeit wird vom Heiligen Geist im Inneren bewirkt, nicht weil wir gelitten haben, sondern weil wir uns Gott übergeben haben. Sie wird bewirkt auf unseren Glauben hin – nicht ein Glauben an unsere Tränen, sondern ein Glauben an Sein Blut. Sie wird nicht bewirkt durch unsere Bemühungen, sondern durch Seine Kraft, wenn wir aufhören, uns zu winden, und ruhig werden. Das Blut des stellvertretenden Opfers Jesu Christi, die Kraft des Geistes, das Wort Gottes plus Glauben als Katalysator – diese machen das Geheimnis der Reinigung der Seele aus. Und man darf nie zulassen, dass Disziplin, sei es die Disziplin des Gesetzes, der Erziehung oder des Leidens, auch nur einen dieser vom Platz verdrängt. Glauben kann in einem Moment Kräfte zur Heiligkeit freisetzen, die durch Disziplin auch in tausend Jahren nicht erlangt werden können.

Disziplin ist also nicht der Weg zur Reinheit und sie kann niemals die Gnade Gottes in vollständiger Heiligung – empfangen durch Glauben – ersetzen.

KAPITEL 4.5

Heiligkeit ist das Fundament

Aber wo genau ist nun der Platz für Disziplin im Leben der Heiligkeit? Wie ist die Beziehung zwischen den beiden? Als Antwort kann gegeben werden, dass völlige Heiligung das Geheimnis erfolgreicher christlicher Disziplin ist und dass umgekehrt Disziplin, die eingehalten wird, ein notwendiges Hilfsmittel dafür ist, Heiligkeit zu wahren. Ganz klar besteht zwischen den zweien eine Wechselwirkung. Da nun die falschen Beziehungen entfernt worden sind, können wir die wahre Beziehung präziser bestimmen. Wir haben uns fälschlicherweise unter dem Trugschluss abgemüht, dass Heiligkeit eine Verwirklichung von Disziplin sei. Sie ist es nicht; sie ist das Fundament.

Erstens werden die auferlegten Disziplinen des Lebens nur dann bereitwillig angenommen und in charakterliche Qualitäten umgewandelt – wie es sein sollte –, wenn der irrationale Widerstand gegen Disziplin aus dem Herzen entfernt worden ist. Ein gewisses Maß an Kampfgeist mag für eine gesunde Persönlichkeit erforderlich sein; aber wenn der Kampfgeist durch angeborene Sünde zunimmt, wird er zu einer reizbaren Haltung gegen jegliche Einschränkung. Wenn das bei einem Studenten , Kind, Gemeindemitglied oder Bürger der Fall ist, kann es durchaus sein, dass sich derjenige zwar äußerlich unterordnet, sich innerlich aber windet – wie das kleine Mädchen, das von seinem Vater gezwungen wurde, sich hinzusetzen, und dann trotzig sagte: "Es sieht vielleicht so aus, als würde ich sitzen, aber im Inneren stehe ich." Die innere Spannung und der Groll im Herzen neutralisieren jeglichen charakterlichen Nutzen, der normalerweise von der Disziplin erwachsen würde.

Diese psychologische Blockade ist irrational, weil es sich bei dem Widerstand nicht um intelligente Opposition gegen bestimmte Disziplinen handelt, die in sich falsch sind, sondern um impulsives und gewohnheitsmäßiges Opponieren gegen jegliche Einschränkung, richtig oder falsch, und ganz besonders gegen jene Einschränkung oder Opposition, die einem zufälligerweise die Wünsche und Impulse des Moments durchkreuzen mag. Einer ernsthaften Ungerechtigkeit oder Bedrängnis, die zu einer ungesetzlichen Unterdrückung wird, kann man sich wohl widersetzen. Aber wenn es tief im Herzen etwas gibt, das gegen Eltern, Lehrer oder Umstände – und sogar Gott – rebelliert, sobald dem eigenen Willen ein Strich durch die Rechnung gemacht wird, dann ist der Herzenszustand nicht normal, sondern befallen.

Eine junge, gläubige Frau ärgerte sich über den angebrachten seelsorgerlichen Rat ihres Pastors im Rahmen von Gemeindezucht und rief aus: „Ich kann es nicht ausstehen, wenn sich jemand in mein Leben einmischt.“ Nun, solange im Wesen eine solche Blockade vorhanden ist – bewusst oder unbewusst –, wird ein reifer, disziplinierter Charakter nicht realisierbar sein. Aber das Durchbrechen dieser Art von Versteinertheit, das Entfernen eines solchen Hindernisses im Inneren ist genau das, was eine echte Erfahrung völliger Heiligung erreichen wird. Die Seele ist nun in einer neuen Demut und Lehrbarkeit auf das Konzept auferlegter Disziplin eingestellt und beginnt mit dieser veränderten Haltung, bestimmte Disziplinen mit einem neuen Geist der Dankbarkeit anzunehmen. Man wird sogar versuchen, von der

Ungerechtigkeit, die hin und wieder unter die Disziplin gemischt sein mag, zu profitieren.

Zweitens wird völlige Heiligung nicht nur die Seele nach auferlegter Disziplin ausrichten, sondern sie wird auch den Impuls zur Selbstdisziplin geben, wenn es an jenem bis jetzt gemangelt hat. Da wird ein Verlangen nach Ordentlichkeit, Tüchtigkeit und Verbesserung sein. Eine Frau von den Ureinwohnern Australiens hatte die Neigung verspürt, sich von der gewohnheitsmäßigen Trägheit ihrer Leute treiben zu lassen, aber nach einer tief gehenden Erfahrung von Gottes Gnade sagte sie: "Jetzt mache ich mich immer für die Nachtruhe bereit, wenn ich zu Bett gehe." In jener Aussage, die wie in diesem Fall Bezug auf Gottes reinigende Gnade nimmt, steckt das Geheimnis, wie Urvölker überall in der Welt zivilisiert werden. Es muss von innen nach außen gehen und es muss mit einem Verlangen danach beginnen, nicht mehr den leichtesten Weg mit dem geringsten Widerstand einzuschlagen, sondern ein diszipliniertes Leben zu führen.

Drittens wird die heiligende Gnade Gottes außerdem für die Dynamik sorgen, die nötig ist, um Disziplin aufrechtzuerhalten. Der Impuls allein reicht nicht aus. Es muss Kraft vorhanden sein, um weiterhin dem Selbst zu sterben, wenn das ganze Wesen nach einem leichteren und einfacheren Weg schreit. Die stürmischen Böen der Versuchung, die trockenen Ebenen der Eintönigkeit oder die bedrückenden Nächte der Einsamkeit, die Missionaren und Predigern (und vielen anderen Christen auch) nur zu vertraut sind, machen es manchmal sehr schwierig, Disziplin aufrechtzuerhalten. So mancher Pastor kämpfte mit dem Verlangen, sein Amt niederzulegen, und wusste doch tief in seinem Herzen, dass Gott wollte, dass er weitermachte. So mancher ledige Christ verspürte den starken Impuls, ganz schnell und unweise jemanden zu heiraten, und erkannte dann in den Momenten der Vernunft, dass er damit gegen Gottes Willen handeln würde. In solchen Zeiten benötigt man dringendst die Kraft und Führung des innewohnenden Heiligen Geistes.

Zugegebenermaßen gibt es einige wunderbare Beispiele aufrechterhaltener Disziplin, wo die Motivation nicht göttlicher, sondern menschlicher Natur war. Jakob unterwarf sich vierzehn Jahre lang dem bitteren Joch Labans und ertrug es wegen seiner Liebe zu Rahel. Ein Beispiel aus der modernen Zeit ist die Frau, die Diabetes überwand, indem sie zwei Jahre lang gewissenhaft ihr Essen löffelweise abwog, bis sie ihr Arzt als geheilt erklärte. Sie hielt dies durch wegen ihres starken Wunsches, ohne Insulin leben zu können. Einige haben auf ärztliche Anordnung mit dem Rauchen aufgehört. Aber das Leben im Alltag kann einem Christen durchaus fortwährende Disziplinen auf einer viel tiefer gehenden Ebene als dieser auferlegen – nicht nur für den Zeitraum von zwei Jahren, sondern lebenslang. Die Dynamik ist nicht das Verlangen, "seine eigene Haut zu retten", sondern die Liebe Gottes, die durch den Heiligen Geist in das Herz ausgegossen ist.

Schließlich ist eine weitere Aussage erforderlich, um das Wesen von Heiligung als Grundlage der Disziplin zu definieren. Dies ist möglicherweise eine Tatsache, die tiefer reicht als alle anderen: Man braucht Heiligkeit, um die Motivation zu reinigen, wenn man nach einem disziplinierten Leben strebt. Ohne christliche Motivation kann die Disziplin nicht christlich sein – was uns zurück zu Paulus bringt, der sagte: „... jene freilich, damit sie einen vergänglichen Siegeskranz empfangen, wir aber einen unvergänglichen" (1.Korinther 9,25). Der geheiligte Mensch diszipliniert sich selbst, nicht um seinen Leib zu retten, sondern seiner Seele wegen – „da- mit ich nicht ... selbst verwerflich werde", wie Paulus es ausdrückte (1.Korinther 9,27). Und es geht noch tiefer – damit ich nicht durch meine Verwerflichkeit Gott Unehre bringe. Man muss die Einstellung des Paulus nicht lange untersuchen, um diese zugrunde liegende Leidenschaft zu entdecken. Sogar in seinem Bestreben um die Belange seiner Seele ging es ihm von Anfang bis Ende um die Ehre Christi. Somit wird die Motivation zur Disziplin zu einem gesunden Beweggrund, wenn der Gläubige mit dem Geist erfüllt ist und Heiligkeit durch Glauben nicht das Ziel, sondern das Fundament von Disziplin wird.

KAPITEL 4.6

Erfordert Heiligkeit immer noch Disziplin?

Aber wenn man Heiligkeit erreicht hat, wozu dann die anhaltende Disziplin? Kann man sie jetzt nicht beiseite legen – wie das Baugerüst, das entfernt wird, wenn das Gebäude fertig ist? Ist es nicht inkonsequent, Reinheit des Herzens zu bekennen und dann zuzugeben, dass Disziplin fortwährend nötig ist?

Ganz und gar nicht, wie wir gleich sehen werden. Aber wir wollen zuerst einräumen, dass viel ungesunde Disziplin wegfallen wird, wenn man zu vollkommener Ruhe findet. Extreme und unnatürliche Selbstdisziplin ist oft nichts anderes als das Geißeln eines ruhelosen, hungrigen Herzens, das versucht, Sünde zu überwinden. Menschen, die davon betroffen sind, leben oft unter Spannung; sie sind übergenau und kleinlich; prüde bis zur Krankhaftigkeit; leicht zu schockieren und schnell dabei, andere zu kritisieren; sie haben Angst davor, zu lachen, damit sie sich nicht der Leichtfertigkeit schuldig machen. Dies kann ein unbewusster Versuch sein, verborgene Sünde zu kompensieren oder ein Ungeheuer der Lust oder des Hasses in Schach zu halten; oder es ist möglicherweise ein Versuch, Sünde auszuhungern, indem man sichergehen will, dass es nichts gibt, was jene nähren würde. Dies ist heroisch und durchaus zu achten, obwohl es zu bedauern ist, denn es gibt einen besseren Weg. Wenn durch Bekennen, Zerbrochensein und Reini- gung ein solcher Mensch eine vollkommene und glückliche Ausrichtung bekommt, dann kann er sich entspannen, frei durchatmen, sich natürlich verhalten und ein ganz normaler Mensch sein. Die Zwangsjacke ist nicht notwendig, wenn moralische, geistige Gesundheit erlangt worden ist.

Aber wenn große Gefahr besteht, dass Selbsteinschränkung so „aussamen“ kann, dass der Charakter in eine Sackgasse gerät, dann besteht ebenfalls große Gefahr, dass eine Seele, die neue

Freiheit erlangt hat und über diese wunderbare Freiheit jubiliert, vielleicht annimmt, dass jetzt auf Disziplin ganz und gar verzichtet werden kann. Wenn das Selbst ohne Sünde ist, wozu braucht man dann Selbsteinschränkung? Wenn die Quellen des Lebens Liebe sind, warum sind dann Hähne nötig, um ihr Fließen zu regulieren? Wenn das Ziel richtig ist, wieso soll man dann das Gewehr sichern? Als Antwort können wir geben, dass man im geheiligten Leben Disziplin nicht dazu braucht, um das Gewehr zu sichern, sondern um das Ziel sicher anzuvisieren. Sie ist nicht erforderlich, um die Liebe, die von den gereinigten Quellen des Herzens fließt, zu unterbinden, sondern um sie vor neuer Verunreinigung zu schützen. Aber vor allem ist sie notwendig, um den Fluss dorthin zu leiten, wo er den meisten Segen bringen wird, und somit zu vermeiden, dass die Quellen ziellos in alle Richtungen überfließen. Paulus verwendete einen anderen Vergleich, aber die Bedeutung war dieselbe: „Ich laufe nun so, nicht wie ins Ungewisse; ich kämpfe so, nicht wie einer, der in die Luft schlägt“ (1.Korinther 9,26).

Wir wollen uns nun mit ganz einfachen, prosaischen Wahrheiten befassen. Erstens können wir sagen, dass Disziplin nötig ist, auch wenn jemand völlig geheiligt ist, weil Ordentlichkeit dazu beiträgt, das Leben des Gebets und Bibellesens zu schützen. Einige glauben, dass sie durch das Ausüben harter Disziplin ihre Willenskraft stärken werden, und wollen dadurch ihre Stellung gegen die Attacken der Versuchung befestigen. Ein solches Willenstraining hat durchaus einen gewissen Wert, aber als Befestigung gegen das Nachgeben in der Stunde der Versuchung wird es stark überschätzt. Wenn die Seele verhungert ist, dann wird der moralische Widerstand schwach sein – ungeachtet aller gymnastischen Übungen, die Körper und Geist auferlegt worden sind. Athleten, die sich im besten Trainingszustand befinden, sind keineswegs Vorbilder stärkerer moralischer Widerstandsfähigkeit. Aber der Mann des Gebets ist gewappnet. Durch den Geist töten wir die Handlungen des Leibes – nicht durch unser strenges Regime. Durch die Gnade Gottes wird der Wille zu Stahl – nicht durch Trainieren. Und der Geist verleiht uns Seine Kraft, wenn wir ein tief gehendes und treues Gebetsleben praktizieren. „Dem aber, der euch ohne Straucheln zu bewahren ... vermag“, sagte Judas (Judas 24). Aber unser Anteil ist: „Ihr aber, Geliebte, erbaut euch auf eurem heiligsten Glauben, betet im Heiligen Geist, erhaltet euch ...“ (Judas 20-21).

Deswegen müssen wir ein gewisses Maß an Disziplin ausüben, um sicherzustellen, dass wir uns um unsere Seelen mindestens genauso gut kümmern wie um die körperlichen Belange. Die Gewohnheit regelmäßigen Gebets und Bibellesens wird reichen Lohn bringen. Willkürlichkeit wird das geistliche Leben aushungern und jeglicher Kraft berauben und eine verhungerte Seele ist in jeder Situation ein großes geistliches Risiko.

Zweitens ist anhaltende Disziplin nötig, um den Leib in seiner Stellung zu halten. Auch wenn wir „durch den Geist“ die Handlungen des Leibes töten, sind wir doch diejenigen, die es ausführen (Römer 8,13). Die Kraft wird durch den Geist verliehen, aber es ist unser Tun. Disziplin ist nicht das Gerüst: Disziplin ist das Gebäude. Es ist das alltägliche Leben, in dem das Physische dem Geistlichen unterworfen ist und bleibt. Völlige Heiligung ist nicht ein märchenhaftes Leben, in dem wir nun von solchen Erfordernissen ausgenommen sind; sie ist die Equipage, die es uns ermöglicht, solchen Erfordernissen zu entsprechen.

Überhaupt: Was ist denn heiliges Leben? Ja, es ist ein Leben der Hingabe; aber es ist auch ein Leben, in dem wir Gott in unserem Leib verherrlichen, oder anders gesagt, in dem wir den Leib entsprechend Gottes Willen gebrauchen. Solange der Leib selbst lautstarke Forderungen erhebt, muss genauso lang die eigene Autorität über den Leib geltend gemacht werden. ‘Die Handlungen des Leibes töten‘ (Römer 8,13), ‘den Leib zerschlagen‘ (1.Korinther 9,27) und fortwährend ‘den Leib als ein lebendiges Opfer darstellen‘ (Römer 12,1) – dies alles sind Erfordernisse, die ein Leben lang notwendig sind. Ein solches Aufrechterhalten ist diszipliniertes Leben von seiner Grundbedeutung her. Besondere Hilfsmittel dazu in Form von Regeln, Zeitvorgaben und

Verboten sorgen für Disziplin in einem untergeordneten Sinne und können je nach Situation mehr oder weniger hilfreich sein. Aber die einzige Hilfe, die unbedingt erforderlich ist, ist der Heilige Geist. Er verzichtet nicht auf diszipliniertes Leben; Er geleitet uns hinein und hilft uns dabei, wie wir es aufrechterhalten und vervollkommnen können.

Drittens ist Disziplin eine angebrachte Facette des heiligen Lebens, weil der Gläubige ohne sie nicht maximale Tüchtigkeit im Dienst für den Herrn erreichen kann. Die Taufe des Heiligen Geistes allein verleiht weder einen geschärften Verstand noch geübte Hände. Die heiligste Seele kann ignorant, unbeholfen und schusselig sein. So jemand ist vielleicht planlos und weiß nichts mit sich anzufangen. Er mag nichts gelernt haben, nichts können, weder Geschick noch Beruf haben. Aber nicht für lange. Wenn er im christlichen Sinne wirklich heilig ist, dann wird er sich mit Betteln nicht zufrieden geben; er wird nicht wie der indische Fakir, der gefragt wurde, warum er nicht arbeiten ging, ausrufen: „Arbeiten? Wieso? Ich kann nicht arbeiten – ich bin ein heiliger Mann!“ Nein, seine innere Wiederherstellung in Vergebung und Reinheit wird sofort Bedeutung und Ziel in sein Leben bringen und wird seinen Willen inspirieren und stärken, diese Bedeutung zu verwirklichen und dieses Ziel zu erreichen. Deswegen wird er sofort beginnen, mit seiner Persönlichkeit etwas anzufangen und alle seine erlangten Kräfte unter Tribut zu stellen.

Wenn irgendwo ein verborgenes Talent steckt, wird es ausgegraben und ausgepackt. Eine Frau hatte durch ihre Weltlichkeit ihre musikalischen Fähigkeiten nahezu erstickt. Sie hatte sieben Jahre lang weder gesungen noch das Klavier angerührt. Als sie sich jedoch bekehrte und heiligte, ermutigte sie ihr Pastor dazu, ihre Talente wiederzubeleben. Es war nicht einfach. Es bedeutete, dass sie mühsam Angespartes opfern musste, um ein Klavier zu kaufen. Es bedeutete, dass sie teuren Klavier- und Gesangsunterricht nehmen musste. Es bedeutete, dass sie Monat für Monat stundenlang üben musste. Es bedeutete, dass sie dafür viele persönliche Vorlieben aufgeben musste. Es bedeutete, dass sie alles umorganisieren musste. Kurz gesagt: es bedeutete, dass sie Disziplin aufbringen musste. Aber sie machte sich schließlich im Dienst des Begleitens am Klavier in der Gemeinde und dann als Musiklehrerin in der Bibelschule ihrer Gemeinde außerordentlich nützlich. Die Gnade innerer Heiligkeit verlieh ihr den Impuls und die Dynamik für ein solches Vorhaben, aber nur durch die nachfolgende, zermürbende Disziplin wurde sie für diese bestimmte Aufgabe mit ausreichendem Wissen und Können ausgestattet. Wenn jemand überhaupt keine Ambitionen hat, wird ihm Heiligkeit einiges an Ambitionen verleihen. Aber diese Ambitionen werden nie verwirklicht werden, selbst wenn sie im Rahmen der natürlichen Fähigkeiten liegen, es sei denn, dass sich der Betreffende durch das Maß an Training, Opfer, Einschränkungen, Unannehmlichkeiten und konzentrierter Anwendung selbst diszipliniert, was für die Verwirklichung erforderlich ist.

Viertens stellt sich die Frage: Und wie verhält es sich mit auferlegter Disziplin mittels Regeln und Vorschriften in der Gemeinde, zu Hause und in der Schule? Ganz sicherlich besteht für diese nun kein Bedarf mehr, weil doch das Herz reingewaschen ist! Das ist jedoch nicht der Fall und zwar aus einem ähnlichen Grund. Heiligkeit reinigt zwar das Herz, aber durch sie wird nicht sofort der Verstand reifer. John Wesley betonte: „Viel Liebe heißt nicht gleichzeitig viel Licht." Und Petrus ermahnt uns, unseren Eifer mit Erkenntnis auszustatten (2.Petrus 1,5). Das benötigt Zeit. Währenddessen kann es sein, dass sich der Eifer der Jugend der Erkenntnis des Alters unterordnen muss.

In einem christlichen College beispielsweise können junge Menschen mit einem guten Herz die Einschränkung durch Regeln und Anweisungen von Dekanen genauso nötig haben wie jeder andere. Sie mögen durchaus heilig sein, können aber ein unglaublich schwaches Urteilsvermögen besitzen. Ein Mensch wird in praktischen Situationen des Lebens nicht unbedingt seinen gesunden Menschenverstand gebrauchen, nur weil seine Motivation vollkommene Liebe ist. In einigen Situationen mag es erforderlich sein, dass ein anderer für ihn gesunden Menschenverstand einsetzt. Nur weil ein Student vielleicht im Allgemeinen gute Absichten hat, bedeutet das nicht, dass er immer wissen wird, wann er nachts nach Hause kommen soll, wie er sich seiner Freundin gegenüber oder in bestimmten gesellschaftlichen Situationen zu verhalten hat oder wie er am besten seine Kurse und seine Zeit einteilt – ohne einige Vorgaben und vielleicht ein paar Regeln. Wenn die Anleitung fehlt, kann sich Satan seine Unerfahrenheit zunutze machen und ihn durch verheerende Fehler zu Fall bringen.

Ein Student war außerordentlich geistlich gesinnt. Sein Leben und sein Geist waren von Jesus Christus geprägt und es war sein aufrichtiges Bestreben, ein guter Student zu sein – um des Herrn willen. Aber er war ein desorganisierter Träumer. Nur die Peitsche der Autorität bewahrte ihn vor einem völligen Versagen in den Prüfungen, indem sie darauf bestand, dass bestimmte Dinge zu bestimmten Zeiten auf eine bestimmte Art und Weise zu erledigen waren. Von seinem Temperament her war er sich selbst ein Gesetz. Drastische Maßnahmen waren erforderlich, um zu verhindern, dass er ein nutzloser Heiliger wurde. Er musste lernen, die „Gangschaltung“ seines Lebens selbst in die Hand zu nehmen und nicht endlos im seeligen Leerlauf zu träumen.

Wir können auch noch so bereit für den Himmel sein, aber wir sind noch nicht dort; und es ist jammerschade, wenn wir unsere Nützlichkeit zunichte machen, indem wir uns hier auf der Erde nicht einfügen. Sicher kann Gott Individualisten gebrauchen, aber nur dann, wenn jene Individualität durch ein gewisses Maß an praktischer Anpassungsfähigkeit gemildert wird. Deswegen benötigt der Student, auch wenn er heilig ist, immer noch Stundenpläne, Anweisungen und Anforderungen, die ihm auferlegt werden – möglicherweise sogar einiges an Verweisen, Strafen und „Nicht-Bestanden“ als Prüfungsergebnis. Daraus wird er als gehärteter Stahl hervorgehen. Viele von uns können mit dem Psalmisten sagen: „Du hast Menschen [Lehrer, Dekane, Pastoren, Ausschüsse, Vorgesetzte] über unseren Kopf reiten lassen;

wir sind ins Feuer und ins Wasser gekommen, aber du hast uns herausgeführt zum Überfluss“ (Psalm 66,12).

5

Argumente für auferlegte Disziplin

—

Selbstdisziplin ist nicht nur das Ideal, sondern auch das Ziel aller, die mit Kindern und Jugendlichen arbeiten. Selbständigkeit, Selbstbeherrschung und Verlässlichkeit werden überall als wesentliche Charakterzüge von Reife und Nützlichkeit anerkannt. Aber es drängt sich die Frage auf, was die beste Methode darstellt, einem jungen Menschen zu helfen, diese Eigenschaften zu erwerben.

Einige bestehen darauf, dass man Kinder und Jugendliche überhaupt nicht reglementieren sollte. Da Charakter nur von innen entwickelt werden kann, so argumentieren sie, sollte man den Einzelnen sich selbst überlassen und weder einengen noch zu etwas zwingen. Es ist nicht so, dass sie ein Leben empfehlen würden, das kunterbunt durcheinander ist, weil das Kind ohne jegliche Einwirkung aufwächst, und sie sind auch nicht damit einverstanden, dass die beste Methode diejenige sei, ein Kind ins Wasser zu werfen, damit es das Schwimmen lernt; denn es ist ihnen ein Anliegen, dass das Kind Anweisungen erhält (falls erwünscht) und sogar Rat (wenn danach verlangt wird); und ganz gewiss befürworten sie, die milde und doch so starke Einflussgebung durch lobenswerte Vorbilder und das Umfeld voll auszuschöpfen. Aber Druck ausüben – nein, niemals! Ihrer Meinung nach ist es völlig ausreichend, wenn das Kind oder der Jugendliche täglich von disziplinierten Erwachsenen umgeben ist; in der Tat ist das alles, was bewirkt werden kann; sonst wird die innere Entwicklung unterdrückt. Das Kind muss sich jeden Tag in absoluter Freiheit entscheiden können. Wahrscheinlich wird es sich dafür entscheiden, dem Charakter der Erwachsenen in seinem unmittelbaren Umfeld nachzueifern, wenn diese seiner Ansicht nach bewundernswert und dessen würdig sind. Wenn man aber die freie Entscheidung durch auferlegte Disziplin einschränkt, wird das innere Wachstum umgangen.

Gemäß dieser Auffassung führt auferlegte Disziplin nicht zu reifer Selbstbeherrschung, sondern schafft einfach nur das Bedürfnis der eigenen Aufrechterhaltung. Somit wird sie als psychologische Droge angesehen, die die Persönlichkeit so konditioniert, dass sie für diese unentbehrlich wird. Die Anwendung von Züchtigung zu Hause passt den Charakter nicht so an das Gesetz an, dass die Polizei später nicht notwendig sein wird, sondern stattdessen wird der Charakter an die Züchtigung gewöhnt, sodass der Betreffende keine andere Sprache kennt; und die Polizei wird später nicht weniger nötig sein, sondern mehr. Der Wein des Zwangs, der aus medizinischen Gründen verabreicht wird, macht den Menschen nicht – wie beabsichtigt – gesund, sondern alkoholabhängig.

Wenn man diese Theorie praktisch umsetzt, heißt das, dass es dem kleinen Kind erlaubt sein muss, sich auf natürliche Weise auszudrücken. Anleitung sollte durch Vorbild, Vorschläge und Ablenken erfolgen (zum Beispiel, wenn sich Klein Mäxchen daran macht, mit einem Stock das kostbare Porzellan vom Regal zu stoßen). Wutanfälle sollten ignoriert werden; wenn das Kind nach der Mutter schlägt, sollte man es nicht bestrafen; stattdessen sollte man dem Kind einfach etwas Interessantes zeigen, sodass es seinen Ärger vergisst.

Jahre später, wenn Mäxchen studiert, sollte man ihn nicht mit Regeln und Vorschriften von allen Seiten eingrenzen, denn dies würde seiner Persönlichkeitsentfaltung im Wege stehen. Stattdessen sollte man ihm erlauben, die Fächer seiner Wahl zu belegen, befreundet zu sein mit wem er möchte, nach Belieben zu kommen und zu gehen – ganz so, wie er es für das Beste hält; denn nur dann wird er sich wirklich „selbst finden“ und lernen, von innen her ein kontrolliertes, ausgewogenes und organisiertes

Leben zu führen. Wenn diese Sichtweise richtig ist, sollten wir ganz natürlich erwarten, dass die Familien, wo es am wenigsten Druck und Einschränkung gibt (angenommen, man findet so etwas), die vernünftigsten Jugendlichen hervorbringen und dass die Hochschulen mit den wenigsten Regeln Staatsbürger hervorbringen, die das höchste Maß an Disziplin aufweisen.

Am anderen Ende des Spektrums sind die strengen Zuchtmeister. Ihrer Meinung nach sollte die Rute bei der Erziehung aller Altersstufen immer in greifbarer Nähe sein. Das Leben von Kindern und Jugendlichen sollte von der Wiege bis zur Hochzeit organisiert, gelenkt und reglementiert werden. Entscheidungen werden für sie getroffen; ihre alleinige Pflicht besteht darin, zu gehorchen.

KAPITEL 5.1

Das gegenwärtige Erwachen

Es besteht die Wahrscheinlichkeit, dass beide Sichtweisen Wertvolles enthalten und dass jeder der zwei Standpunkte dann unter dem Gewicht der Nachteile zusammenbricht, wenn damit zu weit gegangen wird. Und in der Praxis würden sich nur wenige für die ausschließliche Anwendung einer der Theorien aussprechen. Es herrscht die Tendenz: weg von dem Trend der häuslichen Freiheit der vergangenen Jahre und hin zu dem offenen Eingeständnis, dass das Nichtvorhandensein von Einschränkungen keine besseren Bürger hervorbringt und dass bei allen Altersstufen eine Mischung von Freiheit und Gesetz anzuwenden ist. Auf Landstraßen muss es sowohl Grenzlinien als auch Aussichtspunkte geben. Freiheit, das Land zu durchziehen, darf nicht die Freiheit sein, über Zäune zu klettern und auf Gemüsebeeten herumzutrampeln. Verantwortungsbewusste Eltern erkennen das und gelangen auch zu der Einsicht, dass ein Weg gefunden werden muss, um Kindern zu helfen, es ebenfalls zu erkennen – und zwar schon im frühesten Alter.

Symptomatisch für diese Entwicklung ist eine Verlagerung des Schwerpunktes in der Sichtweise des sehr bekannten Babyspezialisten Dr. Benjamin Spock. Die revidierte Ausgabe von Baby and Child Care (1958) legt viel mehr Gewicht auf die Notwendigkeit von Disziplin als die erste Auflage, die im Jahre 1946 erschien. Dies stellt einen bewussten Versuch Dr. Spocks dar, einer weit verbreiteten Tendenz, die „Flexibilität" in der Kindererziehung zu weit gehen zu lassen, entgegenzuwirken; diese Flexibilität hatte er in der ersten Auflage befürwortet. Eltern hatten ihn fehlinterpretiert und ihn so verstanden, dass er meinte, dass (mit seinen Worten) „man das Baby entscheiden lassen sollte, wie lange seine Mutter es in den Armen herumzutragen habe. Oft dachten dieselben Eltern dann später, dass sie es ihren Kindern erlauben müssten, rücksichtslos, nicht hilfsbereit und sogar unverschämt zu sein." In der neuen Ausgabe beschreibt er seine Zielsetzung und erklärt: „Als ich erkannte, in welcher Richtung der Wind zwischen 1946 und 1957 wehte, indem es zu viel Nachgiebigkeit gab, ergänzte, erläuterte und betonte ich mehr Fakten über die Rechte von Eltern und das Bedürfnis von Kindern nach Anleitung und Kontrolle."

Hier ist ein weiteres Anzeichen. Als Dr. Hurst R. Anderson, Präsident der American University, im Rahmen des „American Forum of the Air" die Frage gestellt wurde, ob er glaubte, dass unser Erziehungssystem zu einfach wäre, antwortete er: „Ich denke, wir sind weich, ja, wirklich ... wir ziehen eine Generation verwöhnter junger Menschen auf." Später äußerte er die Ansicht, dass, obwohl moderne Methoden der Kindererziehung und Ausbildung auf John Dewey zurückgeführt werden könnten, die extreme „Laissez-Faire"-Theorie, nach der Mutter und jeder andere dem kleinen Mäxchen ohne jegliche Disziplin alles erlauben, eine falsche Auslegung von Dewey sei. Dr. Anderson kam zu dem Schluss: „Das Problem in der amerikanischen Erziehung und in den Familien Amerikas ist, einen Mittelweg zwischen den beiden Extremen zu finden, weder totale Disziplin noch totale Freiheit, und ... ich glaube, wir haben uns zu weit nach links in die Richtung von zu viel Freiheit und nicht genügend Disziplin bewegt ..."

Einige sind vor fester, altmodischer Disziplin zurückgeschreckt – aus Furcht davor, ein Persönlichkeitsvakuum zu schaffen und dadurch dem Kommunismus den Weg zu ebnen, den Willen zu beschlagnahmen. J. Edgar Hoover erinnert uns daran, dass der Einzelne unter dem Kommunismus „ein automatischer Antwortgeber wird und nicht jemand, der selbst denkt." Um einer solchen Rückgratlosigkeit vorzubeugen, unterstützen moderne Eltern und Erzieher zu Recht Individualismus, Freiheitsliebe und unabhängiges Handeln. Kürzlich erklärte eine Mutter, deren Sohn im Alter von fünfzehn Monaten lautstark dagegen protestierte, morgens angezogen zu werden: „Er hat seinen eigenen Willen." Ganz sicher etwas, womit Gott ihn ausgerüstet hat! – und sein bester Schutz gegen zukünftige Tyrannen. Niemand möchte, dass „sein eigener Wille" zerstört wird. Und so halten sich, um seine Zerstörung zu verhindern, Mütter und Väter und jedermann zu oft heraus und lassen den willensstarken Kleinen randalieren.

KAPITEL 5.2

Welche Art der Stärke wollen wir?

Aber der Trugschluss liegt in der Annahme, dass eine solche Anarchie in Kindheit und Jugend tatsächlich den Charakter zu jener Art der Stärke ausbildet, die dem Joch des Tyrannen am ehesten widerstehen kann. Kraftvolles Durchsetzungsvermögen von sich selbst aus kann, wenn es nicht in Harmonie mit anderen Facetten des Charakters entwickelt worden ist, nur sozialer Krebs sein, der zum Tod und nicht zum Leben führt. Denn ist Krebs nicht die gesetzlose Entwicklung vieler kleiner Zellen, die „ihren eigenen Willen“ haben? Wenn sie sich dann ausgetobt haben, beschützen und erhalten sie nicht den Körper, der ihnen ihre Freiheit ließ, sondern töten ihn.

Jene Art fehlgeleiteter und pervertierter Willensstärke ist genau das, was der Kommunismus erreichen will. Er kann diese Art der „Individualität“ ganz vortrefflich ausbeuten, denn eine solche Unabhängigkeit ist schnell dazu bereit, die Hand, die sie gefüttert hat, zu beißen, Familienbande zu durchtrennen, auf Mutters Tränen und Vaters Bitten herumzutrampeln, moralische Werte zu ignorieren und die einfachen Tugenden wahrer Demokratie – Ehrlichkeit, Integrität, Respekt vor Eigentum und persönlicher Meinung – zu verachten.

Man darf nie vergessen, dass die Art der Stärke, die die sicherste Verteidigung gegen den Kommunismus oder jede andere soziologische Krankheit darstellt, weit mehr als nur Stärke des Willens ist. In Kindern und Jugendlichen muss neben dem Durchsetzungsvermögen auch ein Sinn für christliche Werte und Ausgewogenheit entwickelt werden. Sie müssen die Fähigkeit erlangen, an andere und deren Gefühle und Rechte zu denken. Sie müssen Eigentum respektieren. Sie müssen klare Vorstellungen von Gerechtigkeit und „Fair-Play“ haben. Sie müssen den hohen Rang von Mühe und Plage erkennen. Eine große Achtung vor Idealen, Maßstäben und Gesetzen muss in jede Windung und Krümmung der Seele hineingewoben werden. Großzügiger Optimismus, die Liebe zu Menschen und zu Gott, ein feines Gespür für soziale Verantwortung, eine Wertschätzung dessen, was sich einfach gehört, eine intensive Achtung des menschlichen Lebens, die Fähigkeit, warmherzige Loyalität zu empfinden und sich heldenhaft aufzuopfern – dies alles sind charakterliche Qualitäten, die von Natur aus gegen jene ideologischen Vampire, die sich nur mit Betrug, Argwohn und Grausamkeit mästen können, antiseptisch wirken.

Diese Ausgewogenheit wird nicht von Eltern erzielt werden, die jenem „eigenen Willen“ nachgeben und sich dessen in Anwesenheit des Kindes mit einem süffisanten Lächeln rühmen und ihm erlauben, ohne Einschränkung so weiterzumachen. Die Mutter, die zu Besuch war und ihrem kleinen, vierjährigen Sohn erlaubte, Löcher in die Ledersitze von sechs neuen Stühlen zu bohren, während die Gastgeberin in der Küche Tee zubereitete, dachte wahrscheinlich, dass sie seine kreativen Instinkte verbiegen würde, wenn ihr die Hand ausrutschte. Aber der Gastgeberin hätte beim Anblick der Verwüstung die Hand ausrutschen können – und zwar reinen Gewissens. Und wenn es nicht bald jemand tut, wird das Gesetz es irgendwann tun und der erwachsene Vandale wird sich hinter Gittern seines starken Willens rühmen. In aller Gerechtigkeit sollte die Mutter natürlich mit ihm einsitzen. Es ist nicht fair, wenn Eltern ihre Kinder für das Gefängnis vorbereiten und sie dann alleine dorthin gehen lassen.

Dies deutet auf einen weiteren Grund hin, warum ein Mangel an energisch auferlegter Disziplin nicht jene Art der Stärke hervorbringt, die ein Bollwerk gegen den Kommunismus ist. Wenn man dem Kind, das „seinen eigenen Willen" hat, seinen Willen lässt, führt dies nicht einmal zu einem starken Willen der richtigen Art. Wenn man einem Kind erlaubt, alles zu tun, was es möchte, wegen nichts und wieder nichts zu schreien, nur zu essen, was es will, auf den Boden zu schmeißen, was „seiner Majestät" missfällt, einen Wutanfall zu bekommen, wenn es auf Opposition stößt, nach Mutter zu schlagen und Vater zu treten, während jeder darüber lacht und denkt, dass es ganz entzückend süß sei, wird das nicht nur seinen Eigensinn, sondern auch seine Selbstsüchtigkeit und seine Nachgiebigkeit sich selbst gegenüber stärken. Dies wird dazu führen, dass sein so genannter starker Wille Gefangener seiner Begierden wird. Das Kind wird konditioniert, das, was es will, sofort zu wollen – ohne jegliche Fähigkeit, es auf später zu verschieben oder es sich zu versagen. Der daraus resultierende Charakter wird überhaupt nicht richtig stark, sondern erbärmlich schwach sein.

Ein unnachgiebiger Wille kann nie im besten Sinne stark sein. Er mag stark sein, um zu trotzen, zu zerstören und auf alles loszugehen, was ihm im Weg steht. Aber er ist nicht stark, um sich an die Realitäten des Lebens anzupassen, um aus Hässlichem Schönes zu erschaffen, Hindernisse erfolgreich zu überwinden, sich bei Frustration selbst zu beherrschen und geduldig und mit Ausdauer zu arbeiten, wenn er mit Schwierigkeiten konfrontiert ist.

Und es wird so oft übersehen, dass eine solch unintelligente „Stärke“ als Erste dem Sirenengesang von religiösem oder politischem Totalitarismus erliegt. Man braucht diesen feigen Geschöpfen, deren „Seelen“ nur aus Leib bestehen, lediglich ein Stück Brot anzubieten und sie kommen schon angerannt. Versorge sie mit allem, wonach ihre Begierden und ihre Derbheit verlangen; versprich ihnen Dinge im Überfluss und sie werden schnell ihre Freiheiten verschachern und sich in blinder, roher Loyalität beugen, wobei diese übrigens die einzige Art von Loyalität ist, derer sie fähig sind. Die Torheit und Bedenklichkeit dessen, dass sie ihr Geburtsrecht für einen Topf Eingemachtes verkaufen, übersteigt ihr Begriffsvermögen; auf diesen Gedanken kommen sie einfach nicht. Es ist nutzlos, sie dafür zu tadeln, dass sie die Werte des Geistes gegen die Werte des Gemeinen ausgetauscht haben, denn sie wissen nichts von geistlichen Werten. Sie wollen nicht ihr Brot opfern für die Freiheit zu denken, zu reden und anzubeten; aber sie werden ohne zu zögern ebendiese Freiheit für Brot verkaufen. Wenn solches das Endresultat elterlichen Verhätschelns ist, dann ist es höchste Zeit, dass Eltern ihre Taktik ändern und damit beginnen, eine Demokratie zu befürworten, in der sowohl abgestimmt als auch die Rute gebraucht wird.

KAPITEL 5.3

Erziehung mit der Rute

Und die Rute wird der knospenden Persönlichkeit keinen Schaden zufügen. Sie wird sich nicht nur als äußerer Ansporn, sondern auch als inneres Tonikum erweisen. Ein Junge, der eine ordentliche Abreibung erhalten hatte, sagte, nachdem die Tränen getrocknet waren und Aussöhnung stattgefunden hatte, freudestrahlend: „Ich fühle mich, wie wenn ich innen drin ein Bad genommen hätte.“ Die Abreibung erwies sich als eine wertvolle Investition in einen jugendlichen Charakter.

Feste Disziplin wird nicht die Fähigkeit eines Kindes zerstören, seinen „eigenen Willen“ zu haben, wenn es älter wird und weiß, wie dieser einzusetzen ist. Wir können den Willen eines Kindes erobern, ohne seinen Geist zu zerbrechen. Jene Mutter, die über ihren Sohn im Krabbelalter sagte: „Er hat seinen eigenen Willen“, fuhr ungeachtet seiner Proteste damit fort, ihn anzuziehen. Und ihre anderen vier Kinder kennen die sanfte und doch feste Füh rung von sowohl Vater wie Mutter, mit einem gelegentlichen Klaps und Strafen, was dadurch belohnt wird, dass Freunde sich immer freuen, die ganze Familie einzuladen, wenn ein Besuch ansteht. Eine solch mutige Entscheidung spricht Bände – im Gegensatz zu der Widerwilligkeit, der man sonst begegnet, wenn es darum geht, „jene Kinder“ mit einzuladen.

In einer anderen Familie gibt es zehn Kinder – jedes von ihnen macht seinem Zuhause und seinem Land Ehre. Als einmal ein Besucher nur zwei von ihnen zum Einkaufen mitnahm und nur für diese zwei etwas Neues zum Anziehen kaufte, sagte ein Mädchen aus der Nachbarschaft zu einem der acht Kinder, die nichts bekommen hatten: „Ich wette, dass ihr einen Aufstand machen werdet, weil ihr leer ausgegangen seid.“ „Oh, nein, das machen wir nicht“, lautete die fröhliche Antwort. „Sonst bekommen wir den Hosenboden strammgezogen.“ Im Gegenteil: Sie hatten gelernt, sowohl zu geben als auch zu nehmen und sich über das Glück des anderen zu freuen. Zweifellos werden sie zu besseren Bürgern werden als diejenigen, die einen Aufstand gemacht hätten; und ihre Fähigkeit zum energischen, unabhängigen Handeln wird auch nicht verformt werden. Ein meilenweiter Unterschied zu den Eltern, die es nie wagen würden, ihren drei Kindern etwas mitzubringen, es sei denn, dass sie für alle drei exakt das Gleiche kaufen!

Ein junges Mädchen wollte unbedingt als Sprechstundenhilfe in einer Arztpraxis arbeiten. Aber der Arzt dachte, dass sie dafür zu jung war. Schließlich gab er seine Zustimmung, dass sie eine Woche lang aushelfen durfte. Das Ergebnis war ein verblüffter Doktor und eine feste Anstellung. Der Arzt brachte der Mutter gegenüber seine Zufriedenheit zum Ausdruck und sagte: „Was mich erstaunt, ist, dass ein solch junges Mädchen so schnell reagiert und so zuverlässig ist. Ich muss ihr nur einmal etwas sagen und sie erledigt es prompt und effizient."

Später vertraute mir jene Mutter an, dass sie nie schimpfen oder etwas zweimal hatte sagen müssen; von klein auf hatte das Mädchen schnell und freundlich reagiert, wenn ein klarer Befehl gegeben wurde. Als ich sie bat, dies näher zu erläutern, erklärte sie es so: „Nun, als sie gerade mit dem Laufen und Sprechen anfing, kippte sie eines Tages die Schachtel mit den Bibelverskärtchen „Verheißungen der Schrift" aus, sodass sie alle auf dem Boden verstreut waren. Ich befahl ihr, sie aufzuheben und wieder in die Schachtel einzuräumen. Im kindlichen Trotz mit vorgeschobener Unterlippe sagte sie: 'Nein!' Ohne viele Worte blieb ich mit ihr dort an Ort und Stelle, bis sie schließlich damit begann, langsam die Kärtchen aufzuheben, eins nach dem anderen. Ich stand neben ihr, ohne ihr zu helfen, bis alle wieder in der Schachtel waren. Sie sagte nie wieder 'Nein' zu mir." Könnte es da eine Verbindung geben zwischen jener Festigkeit, die die Mutter damals gezeigt hatte, und dem prompten Gehorsam des Mädchens als Sprechstundenhilfe? Ich glaube, dass dies der Fall ist. Und diese Einstellung des Gehorsams, die dadurch erzielt wurde, führte nicht zu inneren Hemmungen, denn jetzt verfügt sie in ihrer neuen Stelle durchaus über Initiative und Selbständigkeit. Und eine solche „Grausamkeit" schadete auch nicht der Mutter-Tochter-Beziehung, denn heute besteht zwischen ihnen ein sehr gutes und freundschaftliches Verhältnis.

KAPITEL 5.4

Verwöhnen führt nicht zu mehr Liebe

Es ist eine nüchterne Tatsache, dass Kinder, die verhätschelt werden und denen man ihren Willen lässt, ihre Eltern nicht mehr, sondern weniger lieben, was viele untröstliche Eltern zu spät erkannt haben. Ihre Selbstliebe wird genährt, bis sie jeden edlen Impuls erstickt. Sogar ihre natürliche Zuneigung verkümmert und Gefühllosigkeit macht sich breit. Sie verlieren mehr und mehr die Fähigkeit, echtes Mitleid oder Mitgefühl zu empfinden – jenes feine Gespür für den Herzschlag eines anderen. Mutter und Vater können sich abrackern und sie bringen nicht einmal ein Wort des Dankes über die Lippen. Die Eltern können wegen Kummer und Sorgen gebrochenen Herzens sein und durch Überarbeitung und Belastung an den Rand des Zusammenbruchs gelangen und solche Kinder sehen es nie. Wenn ihre Aufmerksamkeit darauf gelenkt wird, dann sind sie in ihrer Ichbezogenheit zu herzlos, um sich darüber Gedanken zu machen.

Eine Mutter stand jeden Morgen sehr früh auf, um genügend Zeit zu haben, sieben verschiedene Arten von Frühstück für ihren Mann, ihren Sohn und ihre fünf Töchter vorzubereiten, denn sie alle hatten persönliche Vorlieben, die berücksichtigt werden mussten. Sohn und Vater gingen als erste zur Arbeit; dann, wenn das Frühstück für die Mädchen fertig war, rief die bedrängte Mutter ihre Töchter, die noch in ihren Betten faulenzten. Jahre vergingen. Die alte Mutter, die jetzt Witwe war, empfand es als notwendig, bei ihren Kindern zu leben, von denen alle verheiratet waren. Aber sie wollten sie nicht. Sie zankten sich, wer sie als nächster haben würde, und reichten sie von einem zum anderen. Schließlich fanden sie genügend Gründe, um ihr Gewissen zu beruhigen, und schoben sie in ein Altersheim ab, wo sie sich selbst überlassen war und dahinvegetierte; gelegentlich statteten sie ihr einen eiligen Besuch ab. Sie lebte nicht lange. Es hieß, dass sie am gebrochenen Herzen starb. Sie hatte ihr Leben vorbehaltlos ihren Kindern gewidmet, weil sie in so mitleiderregender Weise den Wunsch gehabt hatte, geliebt und geschätzt zu werden. Aber unbegrenztes Verwöhnen war die falsche Methode, da es die Quellen der Dankbarkeit austrocknete und den Fluss natürlicher Zuneigung zum Versiegen brachte. Trotzdem wäre es sehr schwierig gewesen, sie damals, als ihre Kinder noch klein waren, davon zu überzeugen, dass ihre „Güte" in Wirklichkeit die größte Grausamkeit war, die sie sich selbst und ihrer Familie antun konnte.

Man möchte meinen, dass auferlegte Disziplin mehr als gerechtfertigt ist. Sie ist das „Salz" in der Kindererziehung und bei der Arbeit mit Jugendlichen, ohne das der Charakter verwest, bevor er überhaupt Reife erlangt. Sogar wenn ein totales Verziehen durch das Entgegenwirken religiöser Einflüsse vermieden wird und der undisziplinierte Jugendliche versucht, ein christliches Leben zu führen, wird er mit nahezu unüberwindlichen persönlichen Schwächen und Handicaps konfrontiert, die es ihm sehr erschweren, sich als Erwachsener vernünftig anzupassen. Ein solcher Mensch schätzt es nicht, dass er als Kind frei von Einschränkungen war; stattdessen macht er seinen Eltern meistens Vorwürfe deswegen und wünscht sich, dass sie ihn besser diszipliniert hätten!

Der junge Mensch, der bereits über die Gewohnheiten der Geregeltheit und des Gehorsams verfügt, hat sicherlich einen Vorsprung, was effektives und effizientes Leben angeht. Der undisziplinierte Jugendliche, dessen Leben unzusammenhängend ist und der mit sich nichts anzufangen weiß, mag später vielleicht aufholen, aber das wird nur durch viel Gebet und lange, schmerzvolle Kämpfe möglich sein.

KAPITEL 5.5

Die Waage steht nicht auf Null

Dies ist wahrscheinlich der geeignete Moment, um darauf hinzuweisen, dass die Annahme, dass Vorbild und indirekte Führung ausreichend seien, das Prinzip der Sünde außer Betracht lässt. Kinder haben nicht ein friedliches, neutrales Wesen; sie werden mit einer bestimmten Ausrichtung geboren. Es besteht bereits eine Verformung hin zu Egozentrik und Gesetzlosigkeit, die sich in der gütigen Atmosphäre einer christlichen Umgebung nicht selbst korrigieren wird, sondern sich von Freundlichkeit nährt, aus Freiheit Zügellosigkeit macht und über die Jahre hinweg alarmierend zunimmt, wenn sie nicht von der Wiege an mit fester Hand rigoros in Schranken gehalten wird. Ein solches Einschränken wird, auch wenn es die Verformung nicht beseitigen kann, sie doch zumindest ans Tageslicht bringen; auch wird es dadurch für den Betreffenden viel einfacher sein, sich an die Beschränkungen der Erwachsenengesellschaft anzupassen, ganz zu schweigen davon, dass es ihm leichter fallen wird, sich der Führung Gottes zu unterwerfen, zuerst teilweise und dann mit jener völligen Unterwerfung, die es Gott ermöglicht, das Wesen von Grund auf zu korrigieren.

Ein hohes Maß an Selbstbeherrschung kann eingeimpft werden, das, während es zugegebenermaßen nicht der Heiligkeit gleichkommt, trotzdem besser als nichts ist. Das Maß an Selbstbeherrschung in der Welt ist exakt das Maß dafür, wie sicher sie als anständiger Ort zum Leben ist. Ohne eine gewisse Selbstbeherrschung im Charakter der Menschen wäre das Leben ein schrecklicher Alptraum – was es offensichtlich vor der Sintflut war und sogar heute in einigen Gegenden ist. Je größer die Selbstbeherrschung in den Bereichen Sexualität, Ärger, Impulse und Sprache ist, umso sicherer und zufriedener leben die Menschen in ihrer jeweiligen Umgebung. Da Selbstbeherrschung jedoch nicht von

Natur aus vorhanden ist und auch nicht leicht fällt (aufgrund der angeborenen Sündhaftigkeit), wann wird sie dann erlangt? Sie sollte im frühen Kindesalter erlangt werden. Wenn Selbstbeherrschung nicht von den Eltern gelehrt wird, wird sie später von anderen gelehrt werden müssen. Und wenn sie von der Schule, der Polizei oder der Armee gelehrt werden muss, wird der Lernprozess viel schmerzhafter und der Erfolg viel ungewisser sein. Dann sollen es lieber die Eltern tun!

In einem Leitartikel in der Saturday Evening Post[4] erörterte Dr. Harry A. Snyder vom Amt für Strafvollzug in Pennsylvania eine Studie, die einen Vergleich anstellte zwischen 486 jugendlichen Straftätern und einer entsprechenden Gruppe „normaler" Studenten, die eine Highschool besuchten. Nachdem er auf die Ähnlichkeiten und Unterschiede hingewiesen hatte, kam er zu dem Schluss: „Wenn zu Hause keine Disziplin herrscht, könnte das ein schwerwiegenderer Faktor sein als Unterschiede bezüglich gesellschaftlicher Stellung, Einkommen und Hautfarbe." Er fuhr fort: „Wenn es irgendein Mittel gegen Gesetzesmissachtung, mangelnde moralische Werte und fehlende religiöse Leitung gibt, dann scheint es, dass der Kreis der Familie die Hauptverantwortung übernehmen muss."

Eine solche Ansicht sollte von christlichen Eltern sehr ernst genommen werden. Aber es ist eine Herausforderung, der man nur mit starkem Willen und beharrlicher Konsequenz begegnen kann. Schwache Eltern, die selbst undiszipliniert sind, werden sich kindlicher und jugendlicher Herrschaft beugen. Es ist viel einfacher, nachzugeben, wenn Mäxchen und Susi wütend toben, als sie fest in die Hand zu nehmen. Aber wenn solche Eltern einmal sehen könnten, welch katastrophale Folgen sie und ihre Kinder erwarten, und dass ihre Schwäche ein Verbrechen gegen die Gesellschaft und Sünde gegen Gott ist, dann würden sie sich ihrer Aufgabe mit unermüdlicher Entschlossenheit zuwenden.

4 3. Dezember, 1960

KAPITEL 5.6

Das Motiv der Furcht

Diese Aufgabe wird jedoch um vieles leichter sein, wenn damit in den ersten vier Lebensjahren eines Kindes auf richtige Weise begonnen wird. In dieser Zeit müssen die Gewohnheiten der Regelmäßigkeit und des Gehorsams geformt werden – und das ist zu früh, um etwas Mäxchens kindlichem Urteil zu überlassen! Strafmaßnahmen müssen durchgeführt werden. Es ist offensichtlich, dass in diesem Alter das Motiv der Furcht einzusetzen ist. Furcht scheint für viele eine unwürdige Motivation zu sein, aber dem ist nicht so. Es ist viel besser, wenn ein Kind Selbstbeherrschung durch Furcht lernt, als dass es sie überhaupt nicht lernt. Zumindest weiß das Kind, was erwartet wird und dass schmerzhafte Folgen eintreten, wenn es etwas Unrechtes tut; und es gibt keine grundlegendere Lektion als diese.

Wie Dr. Philip S. Clapp betont, sind extreme körperliche Maßnahmen nicht unbedingt erforderlich, um das gewünschte Ziel zu erreichen, wenn mit dem Training früh genug begonnen wird. Er sagt: „Hartes Bestrafen wird nicht notwendig sein, möglicher- weise nicht mehr als ein Klaps auf die Hand, um einem kleinen Kind beizubringen, dass Nein Nein bedeutet und dass es sich besser an die Regeln und Vorschriften, die in der Familie gelten, hält. Der Schlüssel ist, dass das Kind, sobald es in der Lage ist, auf seinem Willen zu bestehen, nur weil ihm danach ist, lernt, dass es diesen auf Kosten der Rechte und des Wohls anderer nicht durchsetzen kann."

Wenn ein Dreijähriger den Drang verspürt, seine Schwester zu schlagen, seine Hand aber aus Furcht vor den schmerzhaften Konsequenzen zurückhält, dann hat er eine Lektion der Selbstbeherrschung gelernt. Später gibt es genügend Zeit dafür, dass Liebe und Intelligenz den weich geklopften Allerwertesten als Motivation ersetzen. Aber die Fähigkeit, die eigenen Impulse zu körperlichem Handeln zu beherrschen, ist bereits erlangt worden.

Und jene Fähigkeit ist die Grundlage eines jeden Charakters, der etwas wert ist. Reife Selbstbeherrschung bedeutet, dass man sich inneren Sanktionen beugt, die vom eigenen Gewissen und Urteilsvermögen auferlegt worden sind; sicherlich ist das das Ziel. Aber der erste Schritt auf dieses Ziel hin ist, dass man lernt, sich äußerlichen Sanktionen zu beugen.

Die Tatsache, dass es sein kann, dass man mit seinem Charakter nie volle Reife erlangen und nie über das Motiv der Furcht hinwegkommen wird, rechtfertigt nicht, dass man versäumt, zumindest so viel als Fundament zu legen. Man denke nur an das soziale Chaos, das es geben würde, wenn die Furcht als Motiv für ordentliches Verhalten nicht mehr vorhanden wäre. Angst vor der Hölle, vor Krankheit, vor dem Gefängnis, vor finanziellem Verlust oder Angst vor der öffentlichen Meinung – diese mögen als Motivationsgründe nicht gerade ideal sein, aber sie sind besser als überhaupt keine Beschränkungen. Es ist besser, seine Lust auf Raserei in Hinblick auf den unbeugsamen Polizeibeamten, der auf dieser Strecke Streife fährt, zu zügeln, als alle Insassen von zwei Fahrzeugen zu töten, weil man das „Motiv der Furcht" verachtet!

Das Jugend-Studienzentrum in Philadelphia hat folgendes Motto: „Der Unterschied zwischen dem straffälligen und dem nicht straffälligen Jugendlichen ist die Pause zwischen der Versuchung und der Tat." Als Kommentar hieß es dazu im New Zealand Herald in einem Leitartikel: „Der jugendliche Kriminelle, Rowdy, Schläger oder anders ausgedrückt, der perverse Mensch gehorcht den Impulsen des Moments, ist selbstsüchtig auf seinen eigenen Vorteil aus und verachtet Autorität und Leitung; für ihn zählt nur, was er will, sonst nichts. Die Selbstdisziplin, die ein solches Handeln hemmt, muss von innen kommen, aber das ist unmöglich, wenn sie nicht zuerst von außen eingeimpft wird." In demselben Artikel wird ein leitender britischer Strafvollzugsbeamter zitiert, der es noch prägnanter ausdrückte: Disziplin werde von innen her entwickelt, „wenn sie von außen erzwungen wird." Das Erzwingen ist manchmal und in bestimmten Entwicklungsphasen des Kindes als Ergänzung zur Überzeugung notwendig. Wenn dies nicht erfolgt, kann es sein, dass sich seine moralische und soziale Erziehung als verheerend und absolut mangelhaft erweist.

KAPITEL 5.7

Das Disziplinieren von Erwachsenen

Es ist schon oft eingeräumt worden, dass derjenige, der sich nicht selbst beherrschen kann, nicht fähig ist, andere unter sich zu haben. Es ist genauso wahr, dass derjenige, der nicht folgen kann, es nicht verdient, andere zu leiten, und dass derjenige, der Befehlen nicht gehorchen kann, nicht qualifiziert ist, welche zu geben. Das Lehren von Gehorsam, anstatt Selbstbeherrschung zu umgehen und nur geistesschwache Roboter zu entwickeln, ist der sicherste Weg, den es gibt, um Selbständigkeit und Selbstbeherrschung hervorzubringen. Trainer von Athleten wissen das. Die Armee und Marine wissen das. Offiziere werden durch strenge Reglementierung und oft demütigende Unterordnung trainiert. Zumindest in Kriegszeiten, wenn schnelle, sichere Resultate unbedingt erforderlich sind!

Während des Zweiten Weltkrieges zeigte ein Dokumentarfilm, wie militärische Offiziere ausgebildet wurden. Nahezu jede Stunde war verplant, der Besuch des Gottesdienstes war Pflicht, Besuche waren nur begrenzt gestattet. In dem Film nahm ein junger Kadett fröhlich eine Treppe im Sprung, immer zwei Stufen auf einmal, als ihm ein Offizier, der dabeistand, Halt befahl. Der Kadett salutierte mit einem Grinsen. Der Offizier kommandierte streng: „Wisch dir dieses Grinsen von deinem Gesicht!“ Der junge Soldat war jetzt ernst und machte mit seiner Hand eine wischende Bewegung über sein Gesicht. „Wirf es auf den Boden und zertritt es!“, kam der nächste Befehl. Der Kadett gehorchte und machte eine Bewegung, als würde er etwas auf den Boden werfen; dann stampfte er auf „dem Grinsen“ herum, wobei er immer noch keine Miene verzog. „Jetzt geh die Treppe hinunter und komm wieder herauf, eine Stufe nach der anderen, wie ein Offizier!“ Er gehorchte. War dies nur Alberei? Nein, eine der größten Weltmächte, die in einen furchtbaren Krieg verwickelt war, versuchte, aus jemandem einen Befehlshaber zu machen. Seine Vorgesetzten wussten, dass er über vollkommene Selbstbeherrschung verfügen musste. Sie hatten nicht die Befürchtung, dass solch unterwürfiger Gehorsam seine Persönlichkeit lähmen oder seine Fähigkeit zur Initiative verkrüppeln würde.

Die Fähigkeit, Disziplin so geschickt und präzise zur Anwendung zu bringen wie der Chirurg das Skalpell, ist eine der Führungsqualitäten, die für jeden in leitender Position unbedingt erforderlich sind. Robert Harkness, ein weltbekannter Musiker im Bereich der geistlichen Musik, hatte einmal in seinem Chor eine außergewöhnlich talentierte Solistin, die ihn eines Morgens an- rief und ihm ganz unverblümt mitteilte, dass sie aus dem Chor ausscheiden würde. Er antwortete sogleich: „Ihr Ausscheiden wird akzeptiert.“

Am anderen Ende der Leitung war überraschtes Stottern zu hören.

„Meinen Sie das im Ernst?“, stieß sie hervor.

„Jawohl“, bestätigte Harkness. „Sie sind dem Chor aus freiem Willen beigetreten und Sie können aus dem Chor ausscheiden, wenn das Ihre Entscheidung ist – aber Sie können sicher sein, dass der Ausschuss Ihnen einen Brief schreiben wird, um seine Anerkennung für Ihre gute Arbeit zum Ausdruck zu bringen.“

„Aber darf ich Sie zuerst sehen und meine Gründe darlegen?“, bat sie.

Als sie kam, sagte sie zu ihm – wenn sie auch ihrer selbst nicht mehr so sicher war wie am Telefon – „Herr Harkness, ich bin schon einen ganzen Monat lang nicht mehr gebeten worden, ein Solo zu singen.“

„Wenn das Ihr Grund ist“, erwiderte Harkness mit Festigkeit, „dann tun Sie das Richtige, wenn Sie aus dem Chor ausscheiden, denn offensichtlich haben Sie nicht zur Ehre Gottes gesungen, sondern zu Ihrer eigenen Ehre, und in unserem Chor gibt es keinen Platz für solche Sänger. Sie können erst dann zu uns zurückkehren, wenn Sie sich ändern und sich voll und ganz dem Herrn ergeben. Gehen Sie nach Hause und denken Sie darüber nach. Sie haben einen Monat Zeit.“

Nach drei Wochen kam sie zu ihm: „Herr Harkness, ich habe die Entscheidung getroffen, mich Gott ganz hinzugeben und nur nach Seiner Ehre zu streben. Darf ich zurückkommen?“

„Gewiss“, antwortete er, „aber der Platz in der ersten Reihe, den Sie früher gehabt haben, ist jetzt einer anderen zugewiesen worden. Kommen Sie diesen Freitagabend zur Probe und wir werden für Sie hinten einen Platz finden.“

Nach der Probe sagte die Frau zu ihm: „Ich bin von jetzt an bereit, jeden Platz zu akzeptieren; der schlechteste Platz ist mehr als ich verdiene.“ Der große Musiker sagte herzlich: „So etwas höre ich gerne! Und um Ihnen zu beweisen, dass ich Ihnen glaube, möchte ich Sie bitten, nächsten Sonntagabend ein Solo zu singen.“ Sie tat das; aber obwohl die Stimme dieselbe war, war die Sängerin doch wie umgewandelt. Die Berührung mit einer meisterhaft angewendeten, unerwarteten Disziplin hatte sie zu einem geistlichen Erwachen gebracht.

Seit vielen Jahren nun sind wir überängstlich gewesen, was jegliche Art von Gemeindezucht angeht, um nur ja keine Leute zu verlieren. Aber wir haben sie so oder so verloren. Ich frage mich, wie viele vielleicht gerettet worden wären, wenn man ein bisschen Disziplin, liebevoll, aber fest, zur rechten Zeit und in der rechten Art und Weise angewendet hätte.

Teil Zwei

—

DER PFAD ZUR DISZIPLIN IM CHRISLTICHEN LEBEN

6

Wie man ein disziplinierter Mensch wird

—

In diesem Kapitel wird kein Versuch unternommen, neuartig oder originell zu sein, und gewiss nicht erschöpfend oder gar besonders wissenschaftlich. Die Vorschläge sind absolut einfach. Es gibt nichts, was teuer oder kompliziert wäre; und nichts liegt jenseits der Auffassungsgabe und Fähigkeit von jedem mit durchschnittlicher Intelligenz, ob jung oder alt. Und ich werde jegliche Formalität ablegen und mich direkt an den Leser wenden.

KAPITEL 6.1

Keine Abkürzungen!

Erstens: Beginne, indem du das Buch ganz durchliest, einschließlich der Einführung, wenn du das nicht bereits getan hast. Einige werden beim Überfliegen des Inhaltsverzeichnisses die Überschrift dieses Kapitels entdeckt haben und, weil sie erkennen, dass das Ziel ist, dass man ein disziplinierter Mensch wird, annehmen, dass es ausreicht, nur dieses Kapitel zu lesen. Ein solcher Versuch ist vielleicht symptomatisch dafür, dass du Disziplin nötig hast.

Der undisziplinierte Mensch ist ewig auf der Suche nach Wegen, um die mühselige Plackerei solider Arbeit zu vermeiden und sein Ziel schnell zu erreichen, indem er Abkürzungen nimmt. Er möchte gerne Butter haben, ohne die Sahne buttern zu müssen. Er möchte gerne die schönsten Aussichten genießen, ohne auf den Berg klettern zu müssen. Wir treffen ständig auf solche Menschen. Sie wollen auf schnellem und leichtem Wege Bibelkenntnisse erlangen, Musiker werden, predigen lernen, gut informiert sein und einen akademischen Grad erhalten. Aber es gibt keinen schnellen und leichten Weg. Bereit zu sein, die Mühen auf sich zu nehmen, die damit verbunden sind, wenn man diszipliniert wird, ist der erste Schritt, um unser gewünschtes Ziel zu erreichen; deswegen haben die Vorschläge in diesem Kapitel nur sehr wenig Wert, wenn sie nicht im Licht der Grundprinzipien, die auf den vorhergehenden Seiten dargelegt worden sind, gesehen und angewendet werden.

Wenn du deine Motivation verstärken musst, dann erwäge nüchtern und ehrlich, was das Endresultat sein wird, wenn man sich als undisziplinierter Mensch durch das Leben treiben lässt. Denke an die Enttäuschung, die du dir selbst, Gott und den Lieben, die dir am nächsten stehen, bereiten wirst, wenn du es versäumst, der Mann oder die Frau zu sein, der oder die du sein musst, um überhaupt etwas Lohnenswertes zu erreichen, weil du aus reiner Faulheit dein Leben nicht fest in die Hand nimmst, um deinen Charakter umzugestalten.

Lies Lukas 9,62.

KAPITEL 6.2

Wo man beginnen muss

Zweitens: Wenn du beschlossen hast, ein disziplinierter Mensch zu werden, beginne mit den einfachen Dingen. Häng deine Kleidungsstücke auf. Mach dein Bett gleich und mach es ordentlich; mach die Badewanne und das Waschbecken sauber, wenn du im Bad fertig bist; stell deine Schuhe an ihren Platz; reinige die

Werkzeuge, die du verwendet hast, und lege sie dahin, wo sie hingehören – und wo sie entweder von dir oder von einem anderen das nächste Mal gefunden werden können. Tu diese Kleinigkeiten nicht verächtlich ab als irrelevant für einen disziplinierten Charakter; sie sind genau das Kernstück davon. Denn sie lassen gerade jenes bisschen Extra an Voraussicht, Sorgfalt und Rücksichtnahme erkennen, das den Unterschied zwischen Schlampigkeit und Kultiviertheit ausmacht. Ein disziplinierter Mensch ist bestrebt, anderen keine unnötige Arbeit zu verursachen. Ihm ist auch das, was danach kommt, ein Anliegen – nicht nur das gute Vorzeigen gerade im Moment. Es wird erzählt, dass die Studentinnen eines gewissen Colleges ihre Zimmer immer chic und elegant verließen, jedes einzelne Haar und jede Wimper am rechten Platz; aber in den Zimmern, aus denen sie kamen, herrschte ein heilloses Durcheinander. Um ihre Ordentlichkeit war es so spärlich bestellt, dass sie für das, was sie hinter sich ließen, nicht mehr ausreichte.

Lies Hohelied 2,15.

KAPITEL 6.3

Den Körper trainieren

Drittens: Übe eine entspannte, aber ständige Beherrschung deiner körperlichen Bewegungen. Dauerndes Zappeln, Herumrutschen und Kratzen ist nicht nur ein Zeichen von Nervosität, sondern steigert diese auch. So entsteht ein Teufelskreis. Defekte in diesem Bereich deuten nicht immer auf grundlegende physische oder nervliche Leiden hin, sondern sind oft nur schlechte Gewohnheiten. Brich mit diesen schlechten Gewohnheiten.

Beginne mit deinen Händen. Lerne, sie still zu halten. Versuche einmal, wie es ist, wenn du sie locker an deiner Seite hältst, und sieh, ob das nicht dein Gefühl der Selbstsicherheit verstärkt. Lass nicht zu, dass dich deine Hände durch ständige, unruhige

Bewegungen, wie zum Beispiel Trommeln oder Knacken der Gelenke tyrannisieren. Wenn du die Hand gibst, soll dein Händedruck fest und herzlich sein; dann lass höflich und bestimmt die andere Hand los. Klammere nicht. Und Hände weg vom anderen Geschlecht!

Beginne dann, an deiner Haltung zu arbeiten. Wenn du mit den Füßen scharrst und gewohnheitsmäßig eine krumme Haltung hast, bekommen Leute das vage, unbehagliche Gefühl, dass deine Gedanken auch scharren und krumm sind. Wenn du mit deiner Haltung und dem, wie du dich gibst, eine äußere Aufgewecktheit vermittelst, macht das nicht nur einen besseren Eindruck, sondern es kann auch in dir ein Gefühl von Leben und innerem Schwung erwecken. Sei nicht steif und gestelzt und steh nicht ständig auf dem Podest deiner persönlichen Würde; niemand mag einen Musterknaben. Aber richte dich zu deiner vollen Größe auf, wenn du stehst, sitzt, gehst, und dann wird sogar dein Lachen von einer gesunden „Größe" sein.

Dann achte auf deine Augen. Übe es, die Person, mit der du sprichst oder der du zuhörst, anzuschauen. Präsident Case von der Boston University vermied die Angewohnheit, an seinem Gesprächspartner vorbeizusehen oder herumzublicken, als ob er gelangweilt wäre, sondern er schaute die Person, die er vor sich hatte, mit ungeteilter Aufmerksamkeit an, als ob für ihn in diesem Moment niemand anders zählte. Du musst natürlich vermeiden, andere in Verlegenheit zu bringen, indem du sie anstarrst; fixiere nicht ihre Pupillen mit einem durchdringenden Blick, als ob du versuchen würdest, sie zu hypnotisieren; es gibt nichts Beunruhigenderes als ein ernstes, durchbohrendes Starren. Aber halte deine Augen in herzlicher und freundlicher Zuwendung auf dein Gegenüber gerichtet – zusammen mit deiner Stimme und deinen Gedanken. Vermeide das nervöse Ausweichen, den leeren Blick, das rastlose Herumwandern, wodurch sich ein Mangel an Konzentration und Interesse offen zeigt – in Wirklichkeit undisziplinierte Gedanken. Und wenn du dich in einer öffentlichen Versammlung befindest, trainiere es, deine Augen auf den Redner gerichtet zu halten. Wenn du andere Leute anstarrst oder auf deine Füße schaust oder gedankenlos im Gesangbuch herumblätterst, ist das unhöflich und rücksichtslos.

Lies Prediger 4,17.

KAPITEL 6.4

Erledige alles Schwierige sofort

Viertens: Geh schwierige Pflichten unverzüglich und mit Entschiedenheit an. Erledige zuerst die Dinge, die du eigentlich lieber als Letztes tun würdest. Wenn du Pastor bist, sollte der schwierigste Besuch Nummer Eins auf deiner Aufgabenliste für den Tag sein. Wenn du Student bist, mach dich gleich an die langweilige Aufgabe, und das mit der Entschlossenheit, sie nicht nur erfolgreich zu lösen, sondern es auch gerne zu tun. Und diese Vorgehensweise kann mit einer zweiten kombiniert werden, die gleichermaßen wichtig ist: Bring das zu Ende, was du begonnen hast. Andere Pflichten können dazwischenkommen, aber zwinge dich dazu, zu deiner Aufgabe zurückzukehren. Es heißt, dass Coleridge ein so großartiger Schriftsteller wie Shakespeare hätte sein können, aber stattdessen war seine literarische Karriere übersät mit Fragmenten unvollendeter Meisterstücke, die voller Elan begonnen, dann aber nicht zu Ende geführt wurden.

Es ist wahr, dass wir manchmal Projekte anfangen, die sich dann als undurchführbar erweisen. Und es gibt Zeiten, wo wir uns der bitteren Tatsache bewusst werden, dass unser Vorhaben besser nicht ausgeführt werden sollte; es wurde aufgrund einer gewissen Fehleinschätzung begonnen und seine Durchführung würde diese Fehleinschätzung noch verschlimmern. Dann zieh dich still und so würdevoll wie möglich zurück. Aber gib Acht, dass zahlreiche Anfänge und wenig Abschlüsse nicht zu einer

Angewohnheit und zum Aushängeschild deines undisziplinierten Charakters werden.

Als Wallace White ein junger Collegestudent war, geschah es, dass er eine langweilige und komplizierte Installationsarbeit übernehmen musste. Die Verwaltung hatte irgendwie herausgefunden, dass er gelernter Installateur war, und in ihrer großen Not baten sie ihn um Hilfe. Er sagte leichthin zu. Als er aber entdeckte, wie lange es dauern würde und dass die gigantische Aufgabe ernstliche Auswirkungen auf seine Kräfte und sein Studium haben würde, wollte er am liebsten „das Handtuch werfen". Beinahe wäre er zur Verwaltung gegangen und hätte dort gesagt: „Schauen Sie, es wäre mir lieber, Sie suchen sich einen anderen dafür." Aber weil er wusste, dass vor seiner Bekehrung seine Schwäche darin bestanden hatte, immer gleich aufzugeben, und weil er entschlossen war, an sich zu arbeiten, um für den Meister von Nutzen zu sein, sagte er sich entschieden: Ich werde nicht aufgeben! Er brauchte sechs Monate für die Arbeit. Aber zum Schluss waren nicht nur die Gasleitungen in zwanzig Gebäuden repariert, sondern auch der Charakter eines zukünftigen Missionars. Später, als er sich auf den Weg zu den wilden Hochebenen Neu Guineas machte, erzählte er uns voller Demut: „Ich spürte, dass jene Erfahrung eine Prüfung war, eine Art Wendepunkt in meinem Leben. Ich wusste, dass ich, wenn ich da versagte, später in einer ernsteren Lage ebenfalls versagen würde." Und er hatte wahrscheinlich Recht.

Lies Sprüche 22,29.

KAPITEL 6.5

Kultiviere Pünktlichkeit

Fünftens: Zwinge dich dazu, pünktlich zu sein. Unpünktlichkeit ist auch eine schlechte Gewohnheit, die abgelegt werden muss und die jeder intelligente Mensch, der der Verpflichtungen des

Lebens gewahr ist, ablegen kann. Wenn Studenten ihre Säumigkeit leichthin mit dem Spruch „Besser spät als nie“ abtaten, gab Professorin Mae Bower, die sich in Kalifornien einen Namen machte, ohne Ausnahme scharf zur Antwort: „Besser nie spät“. Dann pflegte sie ihre Studenten daran zu erinnern: „Kleinigkeiten machen Vollkommenheit aus, aber Vollkommenheit ist keine Kleinigkeit.“ Und Pünktlichkeit ist eine dieser „Kleinigkeiten“, wenn auch wahrlich eine gewaltige.

Aber die Gewohnheit, pünktlich zu sein, wirst du dir nur dann aneignen können, wenn du (1) die Überzeugung hast, dass christ- liche Höflichkeit sie erfordert – was das Thema in den Bereich der Ethik bringt; (2) wenn du vorausplanst, damit du, ohne raten zu müssen, weißt, wo du sein musst und genau zu welcher Zeit; (3) wenn du dir selbst einen großzügig bemessenen zeitlichen Spielraum zugestehst. Du brauchst eine Art Terminkalender oder einen Tagesplan, wo du alle Termine eintragen kannst sowie hilfreiche Informationen über Bus- und Zugfahrzeiten, Zahlungstermine, wann Versicherungen fällig werden und natürlich alle regelmäßig stattfindenden Gemeindeveranstaltungen und sonstige Aktivitäten. Aber auch ein solcher Terminkalender ist wertlos, wenn er nicht häufig konsultiert wird und das Programm für die Woche nicht entsprechend geplant wird. Und sogar das wird uns nicht zu tüchtigen, pünktlichen Menschen machen, es sei denn, dass wir alles, was überflüssig ist, eliminieren, etwas weniger auf uns nehmen und dann früh genug damit beginnen, um anzukommen (oder für die Ankunft anderer vorbereitet zu sein) – ohne atemlose Aufregung und flatternde Nerven. Schau voraus und fang früh an. Dies sind die zwei Flügel eines sich aufschwingenden Lebens.

Der Mensch, der sein Leben immer nach Bruchteilen von Sekunden einteilt, wird mit großer Wahrscheinlichkeit an Magengeschwüren sterben, bevor er 50 wird. Anstatt in seinem Leben für alles gerüstet zu sein und Zeit und nervliche Energie übrig zu haben, hastet er herum in einem täglichen Wettrennen. John Wesley sagte: „Ich bin immer in Eile, aber nie gehetzt.“ Er meinte damit, dass er sich, obwohl er keine Zeit für Müßiggang hatte, immer genügend Zeit für sein jeweiliges Vorhaben zugestand, um es mit Gelassenheit und Pünktlichkeit durchzuführen. Der Mensch, der in dieser Weise mit einem zeitlichen Spielraum lebt, mag vielleicht nicht so viele angeborene Fähigkeit besitzen wie derjenige, der in ständiger Sorge ist, aber er scheint mehr zu haben. Er vermittelt den Eindruck, dass er über Reserven und eine stille Stärke verfügt; andere spüren, dass hier jemand ist, der weiß, wohin er geht und wie er dort hingelangt. Und er kommt rechtzeitig an, ohne sich unnötig aufzuregen und in Wut zu geraten.

Lies Römer 12,11.

KAPITEL 6.6

Die Gesinnung umgürten

Sechstens: „Deshalb umgürtet die Lenden eurer Gesinnung ..." lautet die biblische Anweisung (1.Petrus 1,13). Sammle deine Gesinnung; ordne das, was in deinen Gedanken noch unorganisiert ist; zieh deine wandernden Gedanken zum Dienst heran, genauso wie ein Orientale in der Zeit des Petrus sein „loses Gewand rasch mit einem Gürtel zusammenfasste, wenn er in Eile war oder sich auf eine Reise begab" (A. T. Robertson).[5] Dies ist keine Zeit für unorganisierte Gedanken, die in den Brisen täglicher Impulse lose herumflattern.

Es gibt viele Wege, wie du deinen Verstand schleifen und zu messerscharfer Effizienz führen kannst. Eine Möglichkeit besteht darin, dass du versuchst, dich auf ein Problem zu konzentrieren – durch reines Denken, ohne visuelle oder soziale Hilfsmittel. Das ist nicht einfach. Wir sind es so gewöhnt, dass unser Gedankenfluss durch Bilder, Gedrucktes und lebhafte Gespräche gelenkt und geleitet wird, sodass unsere Gedanken, wenn wir uns selbst überlassen sind, wie Wackelpeter zusammenfallen oder wie

5 Wortbilder im griechischen Neuen Testament, VI, 87

Kinder hin- und herhüpfen. Das Problem oder das Konzept, das wir zu fangen und festzuhalten versuchen, spielt mit uns Verstecken. Es ist nebulös und schwer zu fassen. Aber lass nicht locker. Löse dich von mentalen Stützen, sitz still und denke nach. Bleib dran, bis das Problem klarer erkennbar wird. Stell dir selbst Fragen und mach dich daran, sie zu beantworten. Worum geht es vor allem? Was ist der Kernpunkt des Ganzen? Als Petrus von „Gesinnung" sprach, meinte er, so sagt Robertson, das Verständnis, „das Vermögen, durch etwas hindurchzusehen". Dies ist die Fähigkeit zur Klarheit. Du musst so lange nachdenken, bis das Durcheinander nicht mehr vorhanden ist. Wenn dir die Sache klar ist, dann kannst du sie anderen erklären.

Übe es, bei dem Bestreben, deine Gesinnung zu umgürten, in Sätzen zu denken. Genau dieses Bemühen, Gedanken in grammatischer Form zu ordnen, führt zu ordentlichem Denken. Logik kommt zum Tragen. Selbstkritik, Korrektur und Überarbeitung beginnen, ihren Zauber zu wirken. Während du die Sätze verbesserst, nimmt der Gedanke selbst Klarheit an. Dann beginnst du durch die Sache hindurchzusehen.

Des Weiteren, wenn du dich auf diese Art bemühst, deine Gedanken zu disziplinieren, ist es weise, systematisch aufbauende Fortbildungskurse zu belegen. Ein Mindestmaß an Ausbildung wird vom Gesetz vorgeschrieben sein. Aber der junge Mensch, der, was das Leben angeht, aufgeweckt ist und mehr sein möchte als nur eine Hutablage in Teilzeit, wird sich nicht mit dem Mindestmaß zufrieden geben. Denn wenn man sich Gott geweiht hat, bringt das mit sich, dass man verpflichtet ist, sich auszuzeichnen – nicht in Konkurrenz mit anderen, sondern mit sich selbst. Die Arbeit des Herrn erfordert eine trainierte Gesinnung. Du hast kein Recht dazu, mittelmäßig zu sein, wenn du die Fähigkeit zu etwas Besserem hast. Beginne deswegen mit einem Lernprogramm. Wenn du dich bei einer Schule anmeldest, auch für Abendunterricht oder Fernkurse, wirst du dadurch gezwungen sein, deine Zeit zu organisieren und Hindernisse zu überwinden; wenn du durchhälst, wirst du nicht nur mit einem erweiterten Wissen daraus hervorgehen, sondern zusätzlich mit der Charakterstärke und der geistigen Agilität, die die Disziplin als „Nebenprodukt“ mit sich bringt. Und dies ist ein Fall, wo die Nebenprodukte wichtiger sind als das Hauptprodukt.

Dieselben Dividenden können sowohl für körperliche wie geistige Disziplin eingebracht werden, wenn du ein oder zwei Fertigkeiten erlernst, die eine sorgfältige, nervenaufreibende Konzentration erfordern, um eine vollkommene Koordination von Gehirn und Händen zu erzielen. Stricken ist eine Möglichkeit. Oder Klavier- oder Orgelspielen. Oder Tippen mit dem 10-Finger-System, eine Fertigkeit, die für nahezu jeden von unschätzbarem Wert sein kann. Oder wie derjenige, der sich dazu zwingt, einen Geigenbogen hin- und herzubewegen, bis das Quietschen zu einem silberhellen Klang wird; oder der am Klavier sitzt und seinen ungelenken Fingern beibringt, den Nachrichten, die von seinem Gehirn kommen, zu gehorchen, während er sich gleichzeitig bemüht, aus den komisch aussehenden Zeichen auf dem Notenblatt schlau zu werden; oder der mit schmerzendem Rücken an der Schreibmaschine sitzt, seine Gedanken angespannt ausgerichtet auf das Bild der Tastatur in seiner Vorstellung, bis die Finger schließlich nach vielen Monaten blitzschnell auf die Gedanken reagieren und über die Tasten fliegen und der Schmerz dem Vergnügen weicht und die Anstrengung zum Sieg wird – ein solcher Mensch ist im Großen und Ganzen eher geneigt, disziplinierter und einfallsreicher zu sein als derjenige, der sich nie die Mühe gemacht hat, irgendeine Fertigkeit zu erlernen.

Lies 1. Petrus 1,13.

KAPITEL 6.7

Unerwartetes ausnutzen

Siebtens: Lerne es, unerwartete Ereignisse, die deine sorgfältige Planung über den Haufen werfen, dir zunutze zu machen. Da auch ein Mensch, der methodisch vorgeht und sich in Acht nimmt, ein solches Durcheinander nicht immer vermeiden kann, muss er jene Reife erzielen, mit der er weiß, wie er es auffangen und ausnutzen kann. Die beste Art der Selbstdisziplin ist nicht in Starrheit zu sehen, sondern in Unverwüstlichkeit. Hier sind ein paar einfache Regeln:

Erkenne zuerst, dass es töricht ist, wenn du dich aufregst. Es wird an der Sache nichts ändern, mit der einen Ausnahme, dass es dir deine gute Laune nimmt und dich verdrießlich macht. Sich Aufzuregen ist die Reaktion des kleinen Mannes, dessen Vorstellungskraft verkümmert ist, dessen Vorrat an Ideen erschöpft und dessen Leben egozentrisch ist. Der große Mann weigert sich, seine nervliche Energie mit zwecklosem Geifern zu verschwenden.

Dann danke Gott für Seine Vorsehung im Verborgenen. Nimm für dich „alle Dinge" von Römer 8,28 in Anspruch. Erkenne in aller Demut, dass das, was dir im Moment nur menschliche Schnitzer zu sein scheinen, möglicherweise das sanfte Steuern Gottes ist. Jemand hat einmal die Feststellung gemacht, dass nicht nur die Schritte eines Mannes vom Herrn her gefestigt werden, sondern auch das, was ihn zum Anhalten zwingt. Jener christliche Arbeiter in England während des Krieges, der unbedingt einen bestimmten Bus erreichen wollte, ihn aber aufgrund von Verspätungen, auf die er keine Einwirkung hatte, verpasste, und eine ganze Stunde auf den nächsten Bus warten musste, war versucht, sich darüber aufzuregen – bis der Bus, den er schließlich nahm, den anderen, den er verpasst hatte, überholte, der nach einem Bombeneinschlag nur noch ein Schrotthaufen war; keiner der Fahrgäste hatte überlebt. Es ist jedoch selten, dass eine solche göttliche Vorsehung so schnell erkennbar wird. Im Allgemeinen zeigt sich Gottes gnädige Fügung mit einer Verspätung, die Er zulässt, nicht sofort und das ist gut so, da die Rätsel der Vorsehung dem Glauben zuträglich sind.

Bitte Gott schließlich darum, dass Er dir zeigt, wie du deine Frustration in Seine Erfüllung umwandeln kannst. Halte Ausschau nach den menschlichen Bedürfnissen, die du in deiner geschäftigen Tüchtigkeit wahrscheinlich übersehen hättest. Ein befreundeter Professor musste einmal einen ganzen Nachmittag im Wartezimmer einer Praxis verbringen und hatte nichts zum Lesen oder Schreiben dabei. Als er merkte, dass wahrscheinlich mehrere Stunden auf diese Weise verloren gehen würden, und als er an die wichtige Arbeit dachte, die auf ihn wartete, spürte er in sich eine zunehmende Anspannung. Dann jedoch entspannte er sich bewusst und mit Gebet und blickte herum. Ihm gegenüber saß eine besorgte und beunruhigte Mutter, die ein krankes Kind in den Armen hielt; sie hatte noch ein anderes Kind bei sich, ein kleines Mädchen, das quengelnd an ihrem Rock zog und nach Aufmerksamkeit verlangte. Es dauerte nicht lange, bis der Universitätsprofessor das Vertrauen der Kleinen gewann und sie auf seinem Schoß sitzen hatte, wo er sie fröhlich unterhielt, bis die äußerst dankbare Mutter aus dem Sprechzimmer des Arztes kam, um sich mit ihren Kindern auf den Heimweg zu machen. Und ihm war sonderbar warm ums Herz geworden. Er hatte den Nachmittag nicht vergeudet – er hatte ihn investiert. Zu oft trifft der Mensch mit „Möchtegerndisziplin" Vorsorge für die ideale Situation; wenn er von Entwicklungen, die nicht ideal sind, verschlungen wird, verliert er sein Gleichgewicht. Wir müssen lernen, das Rohmaterial der Realität zu nehmen und in Dienst umzuwandeln.

Lies Römer 8,28.

KAPITEL 6.8

Liebe den, der dich kritisiert

Achtens: Kultiviere eine Einstellung aufrichtiger Dankbarkeit für jegliche Korrektur. Danke demjenigen, der dich auf einen grammatikalischen Fehler hinweist, denn er reicht dir ein Stück Material für den disziplinierten Charakter, den du aufbaust. Ich kenne einen Prediger, der, ohne dass es ihm bewusst war, damit anfing, gewohnheitsmäßig eine gewisse Redewendung zu gebrauchen, bis es störend war. Als er jedoch darauf aufmerksam gemacht wurde, verfügte er über eine solche Beherrschung, dass er es danach kein einziges Mal wiederholte.

Wenn jemand bei Korrektur bockig oder überempfindlich reagiert, beweist das Unreife. Kürzlich erschien in einer Zeitschrift ein Cartoon, der eine junge Sekretärin zeigte, die sich in einem Wutanfall tränenüberströmt auf den Boden geworfen hatte und mit ihren Fäusten wütend auf den Teppich trommelte, während ihr Chef mittleren Alters milde auf sie herabblickte und sagte: „Fräulein Meier, Sie müssen es lernen, Korrektur anzunehmen." Und du musst das auch.

Manchmal ist es schwierig, Korrektur oder Anweisung freundlich anzunehmen, besonders dann, wenn wir bezweifeln, dass sie gerechtfertigt ist, und noch mehr, wenn wir in Frage stellen, ob der andere überhaupt qualifiziert ist, uns zu belehren. Aber Adam Clarke sagte: „Sei bereit, vom Geringsten zu lernen. Denke daran, dass Rom durch das Schnattern von Gänsen gerettet wurde." Vor vielen Jahren reiste der für seine Darlegungen zum Thema Heiligkeit sehr bekannte Joseph H. Smith auf einer Fähre von Oakland nach San Francisco, wo er als Hauptredner bei einer Konferenz über Heiligkeit geladen war, und sah sich im Mittelpunkt des allgemeinen Interesses, während er seine Bibel las. Zahlreiche andere Prediger befanden sich ebenfalls auf der Fähre und waren äußerst gespannt darauf, den hoch angesehenen Verfechter des sogenannten zweiten Segens zu hören. Aber ein anderer schillernder Vertreter war auch da, ein kurioser Exzentriker, der dachte, dass es seine Pflicht war, sich mit diesen „eigenartigen" Leuten zu identifizieren, indem er einen kleinen Blechhut trug, auf dem ein Bibelspruch stand. Es dauerte nicht lange, bis Dr. Smith merkte, dass der Exzentriker still neben ihm Platz genommen hatte. Da er befürchtete, dass die skeptischen Zuschauer dadurch die Heiligkeitsbewegung mit Ausgeflipptsein in Verbindung bringen würden, war er äußerst versucht, ihn zu ignorieren. Plötzlich jedoch stieß er in seiner Bibel auf den Vers: „Endlich aber seid alle ... demütig". Sofort streckte er seine Hand aus und rief:

„Guten Morgen, Bruder!"

Sein Nachbar erwiderte: „Verzeihen Sie mir, Bruder Smith, ich wollte Sie nicht beim Bibellesen stören. Aber als ich für Sie betete, zeigte mir der Herr, dass Sie unter bestimmten Beschwerden leiden und dass ich Ihnen sagen sollte, wie Sie davon geheilt werden können. Ich weiß, dass es funktioniert, denn ich hatte dieselben Schwierigkeiten."

Dann nannte er zum Erstaunen des Evangelisten Smith eine Krankheit, mit der dieser schon seit Jahren zu kämpfen hatte und gegen die keine Behandlung erfolgreich gewesen war. Später folgte er seinem Rat und erfuhr vollständige Heilung. Er dankte Gott, dass er an jenem Morgen auf der Fähre den komischen Mann mit dem kleinen Hut nicht barsch behandelt hatte – und für die Zurechtweisung des Herrn mit dem prägnanten Satz: „Endlich aber seid alle ... demütig" (1.Petrus 3,8).

Lies Sprüche 15,32.

KAPITEL 6.9

Selbstbeherrschung

Neuntens: Praktiziere gewissenhaft die männliche Kunst der Selbstbeherrschung – zumindest in den folgenden drei Bereichen (wo voreiliges Übersprudeln die allgemeine menschliche Tendenz ist):

Neugier. Der neugierige Mensch ist es, der lernt, entdeckt und erfindet; das ist wohl wahr. Wenn es aber um gesellschaftliche Feinheiten geht, kann jemand das sein, was der Kindermund als „Schnüffelnase" bezeichnet. Manchmal ist es weise, sich zurückzuhalten und nicht taktlos in den Angelegenheiten anderer herumzuschnüffeln.

Voreingenommenheit. Dies ist in Wirklichkeit nichts anderes als im Voraus Verurteilen. Es ist die Meinung oder Schlussfolgerung, die gebildet wurde, ohne dass ausreichende Beweise dafür vorlagen. So etwas kann anderen gegenüber total gemein und unfair sein und später wird es deine eigene Unreife und Unausgeglichenheit aufdecken. Manchmal mit einem Urteil abzuwarten und sich nicht von anderen aufhetzen und zu einer voreiligen Handlung drängen zu lassen – beides sind Belege für einen disziplinierten Charakter. Dies führt zum dritten Bereich:

Dogmatismus. Gewiss ist der wahre Christ im Grunde ein Dogmatiker. Er bestätigt einige Dinge mit Bestimmtheit und Konsequenz. Aber die Angewohnheit, in Bezug auf alles und jedes dogmatisch zu sein, ist eine Pervertierung des christlichen Wesens. Einige können keine Meinung äußern, ohne rechthaberisch zu sein. Einige können nichts von sich geben, ohne dies auf bombastische und lieblose Art zu tun, die zum Ausdruck bringt: Das ist das letzte Wort. Es gibt keine Gegenseite. Jeder, der das nicht sehen kann, ist ein Holzkopf. Solch großartige Zusicherungen sind, wenn sie von Jugendlichen kommen, höchst amüsant; wenn sich jedoch Erwachsene so äußern, ist es erschreckend, da es eine Entwicklungshemmung erkennen lässt. Versteh mich bitte nicht falsch! Du sollst nicht ein geistloser Neutralist werden, der sich vom Wind treiben lässt und sich unverbindlich herumdrückt und nie einen festen Standpunkt bezieht. Es gibt Zeiten, wo es erfrischend ist, jemanden zu finden, der keine Furcht davor hat, seine Meinung deutlich und kräftig zu vertreten, wenn es um etwas Wichtiges geht, und dabei ordentlich auf den Tisch zu hauen und etwas dogmatisch zu versichern. Aber es gibt andere Zeiten, wo christliche Zurückhaltung nicht nur Meinungen hat, sondern auch Meinungen zulässt. Deshalb soll, was Neugier, Voreingenommenheit und Dogmatismus betrifft, „eure Milde ... allen Menschen bekannt werden“ (Philipper 4,5).

Lies Sprüche 18,13.

Bezwinge Völlerei!

Zehntens: Wir kommen nun zu einer der schwierigsten Lektionen in der Schule der Disziplin: dem Bezwingen des Appetits. Ich meine hiermit das Verlangen nach Essen. Man sollte abstinent sein, was Giftiges angeht, und man sollte sich beim Essen mäßigen. Aber Mäßigung fällt manchmal schwerer als Abstinenz. Essen ist keine Sünde; Völlerei dagegen ist Sünde. Der Mensch, dessen Gewohnheit es ist, ohne Rücksicht auf seine Gesundheit und Bedürfnisse maßlos zu essen und zu trinken, fast so, als würde er leben, um zu essen, anstatt essen, um zu leben, neigt dazu, in anderen Bereichen seines Lebens schwach und exponiert zu sein. Schlaffheit in einem Teil des Charakters führt oft dazu, dass auch der Rest lose wird.

Dies ist ein schwieriges Problem, das sowohl ein gutes Maß an gesundem Menschenverstand als auch einen eisernen Willen erfordert. Ohne gesunden Menschenverstand wird man schnell zu einem, der einen Fimmel hat. Ohne feste Entschlossenheit wird man ein Schlemmer werden. Einerseits besteht die Gefahr, unter der krankhaften Knute eines überempfindlichen Gewissens zu leben; auf der anderen Seite besteht die Gefahr, dass man unter der Knute des Magens steht. Paulus sagte diesbezüglich: „Alles ist mir erlaubt, aber ich will mich von nichts beherrschen lassen“ (1.Korinther 6,12). Keiner, der vom Essen beherrscht wird, kann den hohen Rang eines disziplinierten Charakters für sich beanspruchen.

Es ist nicht notwendig, mit seinen Essgewohnheiten ungesellig zu sein. Man sollte herzhaft und mit Genuss essen. Aber wir sollten wissen, was gut für uns ist und wie viel davon, und wir sollten über die Selbstbeherrschung verfügen, mit dem Essen rechtzeitig aufzuhören. Liegestützen und Kniebeugen, so heißt es, sind die besten Übungen – also: die Arme aufstützen und vom Tisch aufstehen! Einzelheiten sollten nicht von Büchern über

Ernährung, die gerade der Renner sind, vorgegeben werden, sondern man sollte einen kompetenten Arzt befragen.

Es kann nicht oft genug betont werden, wie wichtig es ist, beim Essen Mäßigung zu erzielen. Wir haben bereits erwähnt, dass es ausschlaggebend und eine Art Schlüssel zur Selbstbeherrschung in anderen Bereichen ist. Aber allgemeines Wohlbefinden, Leistungsfähigkeit und Langlebigkeit sind ebenfalls davon betroffen und diese fallen schwer ins Gewicht, was die Ehre Gottes angeht. Extremes Übergewicht bedeutet nahezu immer Unterproduktion in der Arbeit des Herrn. Wir werden deshalb für jedes überschüssige Pfund verantwortlich gemacht werden, wenn das Übergewicht die Folge von zu viel Essen ist. Fett hat tödliche Folgen, aber es ist unsere Pflicht zu leben, damit wir die wunderbaren Werke Gottes verkünden können. Wenn unser Leben durch zu viel Arbeit, durch Unvermeidbares, durch Verfolgung oder Märtyrertod im Dienst des Königs verkürzt wird, so können wir in Ehren sterben. Aber wenn unser Leben durch Maßlosigkeit verkürzt wird – was sollen wir dann sagen, wenn wir in der Gegenwart unseres betrogenen Meisters stehen?

Lies 1.Korinther 9,25-27.

KAPITEL 6.11

Lerne es, zeitliche Gegebenheiten zu akzeptieren

Elftens: Viele der Freuden, Privilegien und Verantwortungen des Lebens sind an bestimmte Zeiten geknüpft. Sie gehören zu bestimmten Tagen oder zum Ende eines gegebenen Zeitraums von Jahren oder zu einem gewissen Grad an Reife. Wenn man zu früh nach ihnen greift, verdirbt man sie. Doch wenn der typische Charakter von heute eine Schwäche hat, die mehr als jede andere hervorsticht, so ist es dieses Unvermögen zu warten. „Ich will, was ich will – wann ich will" ist das vorherrschende Lebensmotto.

Dr. Dwight Small kommentiert die Tatsache, dass so viele jun- ge Paare mit der Erfüllung ihrer Liebe nicht warten, bis sie ordentlich verheiratet sind, wie folgt: „Zu viele junge Leute sind nichts anderes als verwöhnte Kinder, die auf einer umgehenden Befriedigung all dessen, wonach es ihnen verlangt, bestehen." Er bezeichnet dies als eine „unreife Einstellung" und wie Recht er damit hat! Aber wie sind sie so geworden? Dadurch, dass sie im Kindesalter essen durften, wann sie wollten, anstatt auf die Essenszeit warten zu müssen. Dadurch, dass man ihnen erlaubte, ihre Geburtstags- und Weihnachtsgeschenke vor dem eigentlichen Tag aufzumachen. Dadurch, dass man sie Auto fahren ließ, bevor sie vom Gesetz her dazu berechtigt waren. Und so entwickelten sie in ihrem Leben das Verhaltensmuster, sich am Kalender vorbeizumogeln, nach Vorrechten und Vergnügen zu greifen, bevor sie Anspruch darauf hatten. Da solche jungen Leute zunehmend unfähig sind, Verzögerungen mit Gefälligkeit und Selbstbeherrschung zu akzeptieren, ist es unwahrscheinlich, dass sie dies tun, wenn sie im Umgang mit Freund oder Freundin im stärksten Drang des Lebens gefangen sind.

Wenn du ein disziplinierter Mensch werden möchtest, musst du die Entscheidung treffen, dass du, egal wie du früher gewesen bist, nie wieder versuchen wirst, zeitliche Vorgaben zu ignorieren. Wenn du jung bist, warte mit dem Aufmachen der Geschenke bis Weihnachten. Akzeptiere die vorgegebenen Schuljahre und Semester an der Uni und versuche nicht, dich daran vorbeizumogeln. Warte mit Freundschaft und Ehe auf die rechte Zeit und gehe es auf dem richtigen Wege an. Du wirst es nie bereuen, wenn du auf die Freuden wartest, die nach Gottes Plan und in Seiner Zeit kommen werden.

Und warte mit größeren Verantwortungen, bis du in Gottes Augen dazu bereit bist. Versuche nicht, Vorsehung zu spielen. Ein sehr junger Prediger wollte unbedingt ein bestimmtes Pastorat übernehmen. Als er eine Ablehnung erhielt, dachte der junge Mann in seinem naiven Eifer, dass dies nicht fair sei. Später jedoch war er unendlich dankbar dafür. Ein anderes Beispiel ist ein junger Mann, der deutlich den Ruf zu einem bestimmten Dienst verspürte und dann zwanzig Jahre darauf warten musste. War Gottes Zeitplan durcheinander gekommen? Nein, es dauerte zwanzig Jahre, bis Gott ihn dafür vorbereitet hatte. Die Vorgänge des Reifwerdens können nicht beschleunigt werden und wenn wir es versuchen, dann werden sich nur katastrophale Folgen einstellen. Wir helfen Gott nicht, indem wir eine Rosenknospe öffnen – wir zerstören dadurch nur die Blüte! Viele junge Männer mussten die bittere Erfahrung des Scheiterns machen, weil ihnen Verantwortungen aufgedrängt wurden, für die sie nicht bereit waren. Deswegen musst du, wenn du ein disziplinierter Mensch werden möchtest, es lernen, die zeitlichen Gegebenheiten des Lebens zu respektieren.

Lies Prediger 3,1.

KAPITEL 6.12

Nimm bereitwillig die Bürden des Lebens auf dich

Zwölftens: Aber während du darauf wartest, dass größere Verantwortungen gemäß Gottes Zeitplan auf dich zukommen, kannst du dich am besten darauf vorbereiten, indem du einen Sinn für Verantwortung kultivierst. Dies ist immer mit Reife verbunden; ohne diesen Sinn ist Reife unmöglich. Richte deine Aufmerksamkeit nach außen, zu deiner Familie hin, zu dem Gemeindeausschuss, wo du Mitglied bist, zum Missionsvortrag heute Abend in der Gemeinde. Erkenne, dass du von diesen allen gebraucht wirst. Du schuldest ihnen deine Loyalität, deine Anwesenheit, deine Mitarbeit. Sei nicht wie ein flatterhafter, verantwortungsloser Jugendlicher, der unbekümmert den anderen die ganze Arbeit überlässt, während er sein Leben genießt. Sei nicht wie ein „Schmetterling", indem du zusagst, dass du zum Jugendtreff kommst, dann aber nicht erscheinst, weil dich im letzten Moment der Impuls überkam, woanders „hinzuflattern"

Ein Mensch mit einem Sinn für Verantwortung ist jemand, der sich verantwortlich fühlt. Walter Rowe Courtenay brachte dieses Gefühl sehr gut zum Ausdruck, indem er sagte: „Ich persönlich spüre, dass ich dem Leben eine zweifache Verpflichtung schuldig bin: eine sehr ernste Verpflichtung meinen Vorfahren gegenüber und eine dringende Verpflichtung gegenüber meinen Nachkommen." Ein Liederdichter drückte es noch besser aus:

Ich möchte treu sein, denn da sind die, die mir vertrauen.
Ich möchte rein sein, denn da sind die, die mich im Herzen tragen.
Ich möchte stark sein, denn da ist viel zu leiden.
Ich möchte tapfer sein, denn da ist viel zu wagen.[6]

Du kannst überprüfen, inwieweit du einen reifen Sinn für Verantwortung entwickelt hast, indem du dir folgende Fragen stellst:

- Halte ich Termine pünktlich ein?
- Bin ich verlässlich, wenn es darum geht, Aufgaben zu erfüllen, die mir gestellt wurden?
- Packe ich sofort an und helfe, wenn eine Arbeit erledigt werden muss, oder fällt es mir leicht, mich leise davonzustehlen?
- Akzeptiere ich die Verantwortung für meine Entscheidungen und Fehler und übernehme ich auch Verantwortung für die Entscheidungen und Fehler meines Teams oder neige ich dazu, die Schuld auf andere zu schieben?
- Begegne ich finanziellen Verpflichtungen mit Gewissenhaftigkeit oder muss ich durch Mahnungen angetrieben werden?

6 *Howard Arnold Walter*

Ohne Zweifel kannst du an viele andere Fragen denken, die ebenfalls gute Indikatoren dafür sind, wie es um die Reife deines Sinns für Verantwortung bestellt ist.

Lies Klagelieder 3,27.

KAPITEL 6.13

Kultiviere ein geregeltes Gebetsleben

Dreizehntens: Ein geregeltes Gebetsleben ist bei unserem Streben nach Disziplin von äußerster Wichtigkeit – aus zwei Gründen. Ich werde den weniger wichtigen zuerst nennen. Allein das Bemühen, in Bezug auf unser Gebetsleben Regelmäßigkeit zu erzielen, ist in sich selbst disziplinarisch. Es gibt keine bessre Vorbeugung gegen Faulheit. Sogar das Dankgebet vor dem Essen ist von disziplinarischem Wert. Einfach am Tisch still zu sitzen und das Essen nicht anzurühren, selbst wenn man einen Bärenhunger hat, bis für das Essen gedankt wurde, wirkt dem tyrannisierenden Ziehen des Appetits entgegen. In gleicher Weise verleiht die regelmäßige Familienandacht den Teilnehmenden ein Element der Stärke, nicht nur, weil sie von der Andacht selbst profitieren, sondern aufgrund der Planung und Einschränkung, die dafür erforderlich sind, dass man zu einer bestimmten Zeit an einem bestimmten Ort zusammenkommt, wobei jeder seine eigenen Tätigkeiten beiseite legt und sich mit seiner Unabhängigkeit unterordnet. „Die Familie, die zusammen betet, bleibt zusammen" – nicht nur, weil sie beten, sondern weil ihnen die Disziplin, die dafür nötig ist, dass sie zusammen beten, auf der ganzen Linie mehr Festigkeit und Stärke verleiht.

Aber der zweite und gewichtigere Grund ist, dass wir vor allem möchten, dass der disziplinierte Charakter, den wir entwickeln, wahrlich und von Grund auf christlich sein soll. Wir haben das Verlangen, diszipliniert zu werden, nicht um selbst die

Ehre zu bekommen, sondern um Gott zu ehren. Aber unsere Motive werden nur dann in dieser Weise christlich sein, wenn eine lebendige Gebetsbeziehung mit Gott es Seiner Gnade ermöglicht, jede unserer Anstrengungen zu umgürten und zu krönen. Wir selbst können eine Fassade der Gelassenheit und Stärke erlangen, aber nur wenn wir beten, wird das, was sich nach außen zeigt, durch eine entsprechende innerliche Wirklichkeit und Echtheit bestätigt werden. Denn wir wollen schließlich nicht nur disziplinierte Menschen sein, die dies selbst erreicht haben, sondern wir wollen, dass es von Gott bewirkt worden ist. Nur dann wird unser disziplinierter Charakter wahrlich christlich sein.

Lies 1.Petrus 4,7.

KAPITEL 6.14

Eine Philosophie der Nachfolge

Vierzehntens: Der Heilige Geist sagte durch Paulus: „Du nun erdulde die Widrigkeiten als ein guter Streiter Jesu Christi!" (2.Timotheus 2,3/Schlachter Version 2000). Heutzutage gibt es nicht viele Widrigkeiten, die zu erdulden sind. Dies gilt zumindest für physische Beschwerden. Auch in geistlicher Hinsicht, wenn Religion überall in hohem Ansehen steht (einschließlich Glaubensrichtungen, die die Heiligkeit betonen), haben wir nur wenig Ahnung davon, wie es ist, mit scharfer Zurückweisung durch Opposition konfrontiert zu sein. Zu oft halten unsere jungen Leute ein Leben im Luxus für selbstverständlich, bis es ihnen als etwas Notwendiges erscheint: sie wohnen in komfortablen Häusern, fahren die schnellsten Autos, genießen in der Schule große Popularität, haben Geld zum Ausgeben und gehen aufs College, wo sie üppige Mahlzeiten, freundlich eingerichtete Zimmer und den Komfort elegant ausgestatteter Gebäude der Studentenvereinigung gewohnt sind. Wenn sie dann das Erwachsenenalter erreichen, sind sie als Folge dermaßen abhängig von einem angenehmen Leben, dass sie für jeglichen Bereich des Dienstes, der Robustheit und Einfachheit erfordert, wie das Missionsfeld oder sogar die Arbeit in einer kleinen Gemeinde in der Innenmission, absolut untauglich sind. Vance Havner drückte es so aus: „Wenn wir das Nest zu weich auspolstern, fliegen die Adlerjungen nicht aus."

Es gibt nur ein Gegenmittel gegen die verweichlichenden Auswirkungen der vielen Segnungen, die wir erhalten: eine robuste Philosophie der Nachfolge, die auf einer grundlegenden Erfahrung von Heiligkeit basiert. Das Einsatzzeichen, das uns die Schrift für diese Philosophie und Erfahrung gibt, ist natürlich der Auftrag Jesu: „Wenn jemand mir nachkommen will, verleugne er sich selbst und nehme sein Kreuz auf und folge mir nach!" (Matthäus 16,24). Eine vollständige Erläuterung von Selbstverleugnung und Tragen des Kreuzes als Bedingungen der Nachfolge kann hier nicht angestrebt werden. Ich möchte mich auf drei Gedanken konzentrieren, die für unser eigentliches Thema relevanter sind. Damit zurück zu dir.

(1) Du musst so durch und durch geheiligt sein, deinem Selbst und der Welt so von Grund auf gestorben sein, in deinen Standpunkten und Wertmaßstäben dermaßen zutiefst geistlich sein, dass du nicht unmäßig an materiellen Dingen hängst – was auch immer es sein mag: schöne Möbel, wertvolles Geschirr, ein bestimmtes Klima, Familienbande oder ein Haus mit drei Schlafzimmern.

„Ein Zelt oder ein Häuschen, warum sollte mir das wichtig sein?" – das ist ein ziemlich harter Brocken für den natürlichen Menschen. Denn menschlich gesehen ist es dir schon wichtig – du ziehst ein Häuschen einem Zelt vor. Aber etwas anderes ist dir viel wichtiger – der Wille Gottes. Du würdest gerne ein paar Dinge haben, aber du kannst ohne sie glücklich sein, solange du nur weißt, dass du dich im Mittelpunkt von Gottes Willen befindest. In der Tat weißt du tief im Innersten deines Herzens, dass du ein Zelt einem Häuschen vor- ziehen würdest, wenn das Häuschen nur auf Kosten Seines Willens zu haben wäre. Was meine ich hiermit? Ganz einfach dies: Als Jesus sagte: „Denn ‹auch› wenn jemand Überfluss hat, besteht sein Leben nicht aus seiner Habe“ (Lukas 12,15b), drückte er damit Wahrheit aus, die für dich Wirklichkeit sein muss, nicht nur eine abgedroschene Redewendung, zu der du ein Lippenbekenntnis ablegst.[7]

(2) Dann muss diese Philosophie der Jüngerschaft eine klarsichtige Erkenntnis der Gefahren von Muße und Wohlstand umfassen, sowie die Notwendigkeit, dies bewusst durch einige Maßnahmen selbstauferlegter Härte auszugleichen. An dieser Stelle, wie auch an anderen, hat Fasten großen Wert. Esther Carson Winans, mutige Missionarin unter den Aguaruna-Indianern in Peru, trainierte es bewusst während ihrer Zeit am Pasadena College, ungenießbares Essen zu sich zu nehmen, um sich dadurch auf die Tage vorzubereiten, wo dies vielleicht notwendig sein würde. Sie glaubte ganz offensichtlich, dass ein bisschen selbstauferlegte Härte am College ihr später helfen würde, Härte zu ertragen, wenn diese nicht selbstauferlegt war!

Alles, was uns dabei hilft, Verweichlichung zu vermeiden, und was den schwächenden Auswirkungen des Wohlstands entgegenwirkt, dient zum Guten. Und es sind die einfachen Dinge,

7 An Haus und Garage mit allem, was dazu gehört, ist nichts Verkehrtes, vorausgesetzt, wir können auf drei Fragen die richtige Antwort geben. Erstens: Wird die Anschaffung zu kostspielig sein? Ich denke hier nicht an finanzielle Kosten; diese mögen das Geringste ausmachen. Aber wenn dadurch die Gesundheit angegriffen wird, wenn die Seele verhungert, wenn die Gemeinde vernachlässigt wird, wenn die finanzielle Situation gefährdet wird und wenn die Familie durch die verrückten, verzweifelten Anstrengungen, dies alles zu bezahlen, durcheinander gebracht wird, dann ist es nicht der Mühe wert. „Besser eine Hand voll Ruhe als beide Fäuste voll Mühe und Haschen nach Wind" (Prediger 4,6). Zweitens: Gibt es einen kulturellen und geistlichen Gewinn, wodurch die Familienbande noch enger und die Einzelnen in der Familie charakterlich gefördert werden? (Wie das beispielsweise bei einem CD-Player der Fall sein kann – vorausgesetzt, man spielt die richtigen CDs.) Drittens: Gibt es einen Nettogewinn an Zeit und Energie, der dem Reich Gottes zugute kommt? Wenn unsere „überschüssige" Zeit damit vertan wird, dass die diversen Gerätschaften betrieben und instand gehalten werden, oder wenn die zusätzliche Freizeit nur dazu dient, unsere eigenen egoistischen Interessen zu vermehren, dann ist der resultierende Gewinn für andere gleich null. In diesem Fall investieren wir nicht, sondern wir verschwenden.

die etwas ausmachen. Wir dürfen nicht zulassen, dass uns ein bisschen Müdigkeit oder Unlust davon abhält, zur Gebetsstunde zu gehen. Wir dürfen nicht zulassen, dass unser treuer Dienst in der Gemeinde von Umständen, Annehmlichkeiten oder Gefühlen diktiert wird. Wenn wir nicht vom Leben gerüttelt werden, müssen wir uns selbst rütteln. Wenn Gott uns Wohlstand schenkt, dürfen wir auf keinen Fall zulassen, dass wir bequemlich werden; stattdessen sollten wir in unserer Treue entschlossener denn je sein und darauf achten, dass in unser Leben genügend spartanische Strenge eingebracht wird, um stets den Geist und die Bereitschaft eines echten Soldaten zu wahren.

(3) Schließlich ist es unbedingt erforderlich, dass unsere Phi- losophie der Nachfolge von dem Grundprinzip ausgeht, dass zunehmende Ähnlichkeit mit Jesus Christus das Lebensziel ist, nicht Glück und Zufriedenheit. Der gegenwärtigen Philosophie um uns herum zufolge ist alles in Ordnung, wenn nur jeder glücklich ist. Das große Ziel von Erziehung, Wissenschaft und Regierung besteht darin, möglichst vielen Menschen so viel zeitliches Glück wie nur möglich zu gewähren. Und sogar wir Christen sind vom Zeitgeist angesteckt worden, sodass wir mit Gott um Glück handeln. Wenn für Christus das Tragen des Kreuzes die Bedingung für die Nachfolge ist, so ist es für uns das Glück. Aber das kann so nicht sein. In der Nachfolge kann es keine derartigen Kompromisse geben. Selbstverleugnung und Tragen des Kreuzes müssen sein, ganz gleich, ob Glück immer die unmittelbare und offensichtliche Folge ist oder nicht.

Wenn unsere Philosophie der Nachfolge durch und durch christlich ist, werden wir sehen, dass unsere Entscheidungen, Beschlüsse und beruflichen Tätigkeiten nicht von einem fieberhaften Streben nach persönlichem Glück bestimmt werden. Überdies kann unser Erfolg oder Scheitern als Christen oder als Diener des Herrn nicht daran gemessen werden, ob wir gerade glücklich sind oder nicht. Paulus war nicht immer glücklich, ebensowenig Luther und Wesley. Aber Nachfolge war für sie nicht Glück, sondern Treue und Brauchbarkeit.

Diese Philosophie wird Missionaren Festigkeit verleihen, wenn sie Einsamkeit und Heimweh verspüren. Sie wird Pastoren davon abhalten, ihr Amt niederzulegen und nach einer vielversprechenderen Aufgabe zu suchen, wenn Probleme komplizierter werden und die Last nahezu unerträglich wird. Durch sie werden Ehemänner und ihre Frauen einander treu bleiben, wenn es scheint, dass Unvereinbarkeiten das ideale Glück in unerreichbare Ferne rücken. Durch sie werden Studenten nicht aufgeben, sondern weiter büffeln und auf das Ziel von Gottes Berufung hinarbeiten, egal, ob sie gerne studieren oder nicht. Durch sie werden Christen weiterhin in der Gemeinde treu den Zehnten geben und arbeiten und anbeten, auch wenn sie dem stürmischen Gegenwind von Widrigkeit und emotionaler Depression ausgesetzt sind.

Auch wird diese Philosophie der Nachfolge jungen Menschen dabei helfen, Gottes Berufung für ihr Leben zu folgen. Elizabeth Cole, die unerschrockene und strahlende Missionarin unter den Leprakranken in Südafrika, die mit dem MBE[8] von der Königin von England geehrt wurde, erzählt von den inneren Kämpfen, die sie als junge Frau zu bestehen hatte, als es darum ging, die Freiheit der wilden Berge im heimatlichen Montana aufzugeben. Sie war ein „Cowgirl“ mit „dem schönsten Pferd in der ganzen Welt“. Als sie von Gott dazu berufen wurde, sich als medizinische Missionarin ausbilden zu lassen, war schon allein der Gedanke daran, in einer Stadt und in einem Krankenhaus als Auszubildende wie eingesperrt zu sein, entsetzlich. Sie hatte das Gefühl zu ersticken. Der typische Berufsberater von heute hätte zu ihr gesagt: „Das ist nichts für Sie! Für so etwas sind Sie nicht dabei nicht glücklich sein!“ Es ist nur gut, dass sie nicht in die Hände eines solchen hilfreichen Beraters gelangte. Sie traf ihre Entscheidung nicht auf der Grundlage von Glück, sondern von Gottes Berufung. Schließlich fand sie in ihrem späteren Dienst

8 Member of the Order of the British Empire (britischer Verdienstorden)

in Afrika überreiches Glück, viel reicher und tiefer als alles, was sie jemals in ihren sorglosen Tagen in den Bergen Montanas gekannt hatte; aber sie konnte ein solches Glück nicht vorhersehen, als sie mit Gottes Plan zum ersten Mal konfrontiert war.

Und was für Glück im Allgemeinen gilt, gilt auch für Spaß und Vergnügen im Besonderen. Wir müssen ein für alle Mal die Wahrheit in unsere Köpfe bekommen, dass im christlichen Leben kein Platz für Hedonismus[9] sein kann. Spaß wird nicht als Lebensziel verfolgt werden. Spiel wird als gelegentliche Stärkung dienen, aber es wird nicht ständig danach getrachtet. Unterwegs wird es viele Freuden geben, die mit Dankbarkeit genossen werden; aber bei einem Christen darf es nie so weit kommen, dass er nur noch mit dem verzweifelten Streben nach Vergnügen als solches beschäftigt ist. Auch übermäßig viele Hobbys und Urlaubstage können unsere Leistungsfähigkeit im Beruf ersticken.

Denn das christliche Leben ist ernst, herausfordernd und anspruchsvoll. Es wird weder als glorifiziertes Picknick noch als Modenschau gesehen, sondern als Kampfplatz. Unser Befehlshaber ist der Erlöser der Welt, der „nicht sich selbst gefallen" hat (Römer 15,3). Lasst uns Ihm nachfolgen! Ohne diesen Geist von Ernsthaftigkeit und Hingabe, ohne diese Leidenschaft für das Reich Gottes werden unsere Bemühungen, disziplinierte Menschen zu werden, scheitern und vergebens sein. Aber mit diesem Geist wird unsere Disziplin ihren christlichen Zweck verwirklichen und Erfüllung finden.

9 Hedonismus: in der Antike begründete philosophische Anschauung, nach der das höchste ethische Prinzip das Streben nach Sinnenlust und -genuss ist (Anm. d. Übers.)

Wir können somit zusammenfassend sagen, dass derjenige, der über eine christliche Philosophie der Nachfolge verfügt, dies zeigt,

- indem er sich leidenschaftlich verbessern möchte – um Jesu willen
- indem ihm bewusst ist, dass er bezüglich des Lebens ein Verwalteramt innehat – um Jesu willen
- indem er zum Opfer bzw. zum Dienst bereit ist – um Jesu willen
- und indem er, wenn er im disziplinierten Leben Reife erlangt, zunehmend fähig ist, sich der jeweiligen Aufgabe, die ansteht, uneingeschränkt zu widmen – um Jesu willen.

Lies Philipper 2,5-11.

Anhang

—

FRAGEN ZUR WEITEREN DISKUSSION

Kapitel 1

1. Welche positiven Aspekte gibt es beim Sport? Wann kommt der Punkt, wo sportliche Aktivitäten und Interessen eher schädlich als nützlich sind?

2. Welche der fünf Gefahren, die Theodore Roosevelt vorhersah (S. 16), beschreibt am ehesten unsere heutige Gesellschaft?

3. Gibt es jemanden in deinem Bekanntenkreis, der aufgrund von charakterlichen Schwächen in seiner beruflichen Karriere Erwartungen nicht erfüllen konnte? Oder gibt es jemanden, dessen körperlicher oder geistiger Zusammenbruch mit seinem undisziplinierten Leben in Verbindung gebracht werden kann?

4. Besteht die Gefahr, dass ein junger Christ genügend Disziplin aufweist, um in seinem Bereich an die Spitze zu gelangen, und dabei jedoch Gottes Willen nicht entspricht und von Stolz und Ehrgeiz motiviert ist? Was könnte man daraus schließen?

5. Was ist lohnender, wenn man diszipliniert lebt: beruflicher Erfolg oder das Wissen, dass unser Vorbild eine stärkende und stabilisierende Auswirkung auf andere hat?

Kapitel 2

1. Kann jemand, der eine Abneigung gegen Diziplin hat, trot dem Reife erlangen? Wie?

2. In welchem Bereich des Lebens neigen unreife Christen (in Bezug auf Geistlichkeit oder Alter) am ehesten dazu, relativ undiszipliniert zu sein? Welche Gefahren gibt es, wenn sie diese Schwäche als etwas „akzeptieren", das sie nicht ändern können?

3. Ist es möglich, dass unweiser Lesestoff charakterliche Reife verhindert? Was ist, wenn man Unweises ansieht oder hört (Fernsehen, Radio usw.)? Was würdest du als „unweise" bezeichnen?

4. Kannst du eine Beziehung erkennen zwischen Disziplin in den Bereichen Verlangen, Emotionen, Launen, Sprache usw. und der Frucht des Geistes (Galater 5,22-23)? Was kann man daraus in Bezug auf das vom Geist erfüllte Leben schließen?

5. Was ist das häufigste und gleichzeitig verheerendste moralische Versagen in der modernen Gesellschaft? Kann dies auf mangelnde Disziplin in einem bestimmten Bereich zurückgeführt werden? In welchem?

6. Wird ungewöhnlich starke Disziplin in einem Bereich ma gelnde Disziplin in einem anderen Bereich wettmachen? Können wir daraus etwas über das Wesen wahrer Reife lernen?

Kapitel 3

1. Nehmen wir an, einem jungen Menschen sind entweder durch die Vorsehung oder eine besondere Berufung einige der „guten Gaben Gottes“ verwehrt, entgegen seinem natürlichen Verlangen. Anstatt Gott gegenüber ungehorsam zu sein, akzeptiert er die besondere Form von Disziplin, die er aufbringen muss. Kannst du an eine bestimmte Gefahr denken, die ihm in Bezug auf seine innere Haltung eventuell droht?

2. Einige Religionen und Sekten verlangen von ihren Anhängern ein hohes Maß an Disziplin. (Es gibt zum Beispiel Muslime, die nur einmal am Tag essen, die Unmoral, Alkohol und Tabakwaren meiden und bedingungslosen Gehorsam zeigen.) In welcher Hinsicht kann dies für den Betreffenden gefährlich sein? Könnte es auch für den Beobachter zur Gefahr werden? Inwiefern?

3. Was ist schwieriger – ein unflexibles Lebensschema oder eine disziplinierte Flexibilität zu erzielen?

4. Was stellt die größere Gefahr für die Gesellschaft dar – zu viel Disziplin oder zu wenig? Welches Extrem herrscht in unserer Zeit größtenteils vor?

Kapitel 4

1. Wenn Disziplin auch nicht an der Stelle von Heiligkeit akzeptiert werden kann: Was muss dennoch über die „Art" von Heiligkeit gesagt werden, die sich damit zufrieden gibt, ganz und gar auf Disziplin zu verzichten?

2. Was muss von der Hingabe christlicher Studenten gehalten werden, die bezüglich der Disziplin, mit der sie ihr Studium angehen, von anderen, die keine Christen sind, abgehängt werden?

3. Gibt es einen Unterschied zwischen einer fleischlichen (sündhaften) Aversion gegen Disziplin, die durch völlige Heiligung entfernt werden kann, und einer angeborenen Abneigung, die nach der Heiligung ständig diszipliniert werden muss? Wenn ja, versuche, ihn genauer zu beschreiben.

4. Fällt es einem geheiligten Christen immer leicht, Disziplin, die ihm von anderen auferlegt wird, zu akzeptieren? Ist seine Fähigkeit, Disziplin freundlich und weise anzunehmen, nur ein Zeichen seiner Heiligkeit oder auch ein Zeichen von Reife?

5. Kann ein Christ gegen Disziplin rebellieren oder sich offen gegen die bekannten Maßstäbe und Regeln seiner Gruppe (Gemeinde, Schule usw.) auflehnen und dabei geistlich aufrichtig und vital bleiben?

Kapitel 5

1. Welche Fehler machen Eltern heutzutage oft in der Kindererziehung? Was würdest du vorschlagen, um es besser zu machen?

2. In welchem Alter ist das „Motiv der Furcht“ am wirksamsten und gewöhnlich am notwendigsten? Sollte dieses Motiv dadurch ausgenutzt werden, dass man das Kind durch Lügen in Angst versetzt, indem man zum Beispiel sagt: „Ich werde die Polizei rufen und dann stecken sie dich ins Gefängnis“?

3. Welche gedankliche Konstitution und welchen Charakter sollten Eltern aufweisen, um erfolgreich disziplinieren zu können? Was bedeutet dies für Teenager-Ehen?

4. Welche Beobachtungen hast du gemacht, die belegen, dass sich Kinder und junge Menschen in einer Umgebung, wo in vernünftigem Maße Disziplin herrscht, sicherer fühlen als in einer Umgebung ohne Disziplin?

5. Kannst du einige Prinzipien nennen, aufgrund derer die Grenze zu ziehen ist, wann (bzw. was) Eltern für ihr Kind entscheiden sollten und wann dem Kind erlaubt werden sollte, für sich selbst zu entscheiden?

6. Welche Form der Disziplin ist für Teenager am besten geeignet? Wie viel Freiheit sollten sie haben?

7. Äußere deine Gedanken zum letzten Absatz des Kapitels.

Kapitel 6

1. In der heutigen Zeit neigen Menschen oft dazu, Stille und Einsamkeit zu meiden. Angenommen, beides wäre in größerem Maße vorhanden: welche Auswirkung hätte dies auf jemanden, der versucht, ein disziplinierter Mensch zu werden?

2. Versuche, für jeden Abschnitt in diesem Kapitel weitere Bibelverse anzugeben (die möglicherweise noch besser passen).

3. Wäre die Aussagekraft dieses Kapitels durch einen Abschnitt über den Umgang mit Geld verstärkt worden? Besteht eine Verbindung zwischen Extravaganz und diszipliniertem Leben? Inwiefern? Was ist mit denen, die es sich leisten können, extra- vagant zu sein? Sind sie von den charakterlichen Auswirkungen weniger betroffen? Was würdest du außerdem anführen, wenn du einen solchen Abschnitt schreiben würdest?

4. Welche Vorschläge in diesem Kapitel sind am besten für die besonderen Probleme von Jugendlichen geeignet? Welche für die von Erwachsenen?

5. Welche relative Bedeutung hat eine fundierte Philosophie der Nachfolge für den Rest des Kapitels – oder sogar für das gesamte Buch? Begründe deine Antwort.

Notizen

N o t i z e n

impact Verlag (Onlineshop)

Die Verfügbarkeit von guter geistlicher Literatur und Musik ist ein wichtiges Anliegen. Darum wurde im Februar 2005 der impact Verlag gegründet, der diese Aufgabe wahrnimmt. Im Onlineshop werden neben der von impact e.V. herausgegebenen Literatur und Musik auch viele weitere geistlich erbauliche Bücher und Musik-CDs angeboten.

Das Angebot wird ständig mit geistlich wertvoller Literatur und Musik zur Ehre unseres Herrn Jesus Christus erweitert.

www.impacteV.de/shop

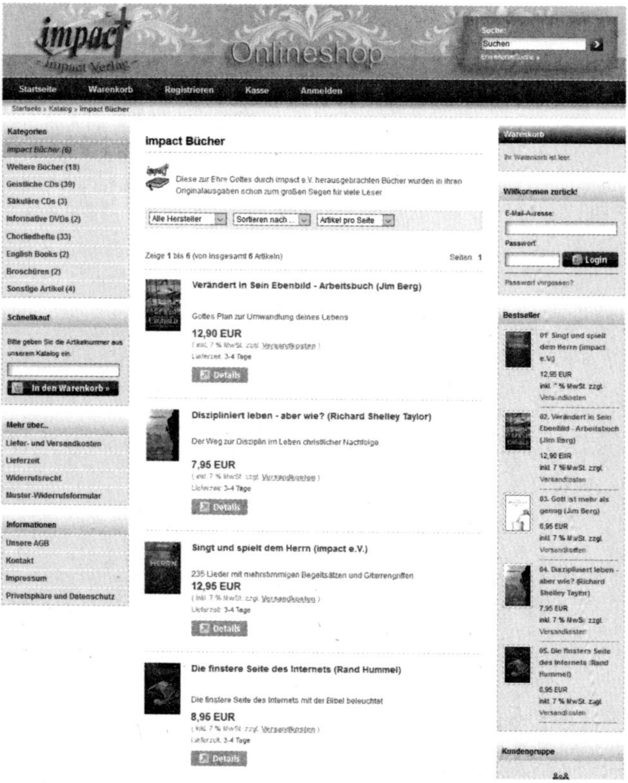

Buchvorstellung

Dr. Jim Berg
Verändert in Sein Ebenbild

ISBN 978-3-9811774-2-8
Art.Nr. 10001
Arbeitsbuch, 208 Seiten
5.Auflage Mai 2023

Preis: 13,00 €
www.impacteV.de/shop

»Ähnlichkeit mit Jesus Christus«: Dieses Schlagwort ist Sinn und Ziel im Leben eines jeden entschiedenen Christen. Doch was genau verbirgt sich hinter diesem Begriff, der sich durch das ganze Leben zieht? Was ist Gottes Plan zur geistlichen Umwandlung eines Menschen?

In diesem Buch wird in 13 Lerneinheiten mit jeweils fünftägigen Arbeitslektionen sehr anschaulich und verständlich erklärt, wie die persönliche und bibelgemäße Beziehung eines entschiedenen Christen zu Gott auf- und ausgebaut werden kann. Jede Lektion enthält Fragen und Aufgaben, die bearbeitet werden können, um das Verständnis zu vertiefen. Dadurch gewinnt dieses Buch einen einzigartigen und sehr persönlichen Charakter. Es ist sowohl für neu entschiedene, als auch für langjährige Christen ein bis tief ins Herz hinein ermutigender und erbaulicher Segen.

Im englischen und spanischen Sprachraum ist „Verändert in Sein Ebenbild" seit seiner ursprünglichen Herausgabe im Jahre 2000 zu einem Bestseller und – was noch viel wichtiger ist – zum großen Segen für unzählige Christen geworden.

Eine Leseprobe des ersten Kapitels steht im Internet kostenlos als elektronisches PDF-Dokument zur Verfügung:
www.impacteV.de/hilfreiches/img/V.i.S.E.-Leseprobe.pdf

Buchvorstellung

Dr. Rand Hummel
Die finstere Seite des Internets

ISBN 978-3-9811774-1-1
Art.Nr. 10004
200 Seiten
1.Auflage Juli 2008

Preis: 8,95 €
www.impacteV.de/shop

„Hey, Rand, hast du mal ‚ne Minute Zeit? Ich muss mit dir reden. Ich bin mir nicht sicher, ob ich es ohne Tränen schaffe, aber ich will's versuchen. Kürzlich wachte ich in der Nacht auf, ungefähr so um zwei. Ich stand auf und ging rüber zum Wohnzimmer – und da sah ich meinen Vater, wie er am Computer saß und irgendetwas Pornografisches anschaute. Ich weiß nicht, was ich tun soll. Kannst du mir helfen?"

Mit solchen und ähnlichen Fragen wird der Autor dieses Buches, Dr. Rand Hummel, im Dienst der biblischen Seelsorge mit Teenagern oft konfrontiert. Als Direktor eines Freizeitwerkes in den USA kennt er aus zahlreichen Gesprächen die Brisanz der Probleme, deren Ursachen direkt oder indirekt mit der finsteren Seite des Internets zu tun haben. Die Betroffenen haben die Folgen des Internetmissbrauchs entweder an sich selbst oder im Kreis ihrer Familien erfahren.

Anhand zahlreicher ergreifender und aufschlussreicher Parallelen zur Bibel befasst sich Dr. Hummel mit den Problematiken der um sich greifenden Pornographie im Internet, den Internetbeziehungen, der Internet-Abhängigkeit und anderen geistlichen Gefahren, ohne dabei ein Blatt vor den Mund zu nehmen. Er zeigt biblische Auswege auf, um sich aus der immer enger zuziehenden Schlinge zu befreien, die letztendlich in verheerender Weise das geistliche Leben der Betroffenen vernichtet.

Das Inhaltsverzeichnis und die Einleitung stehen im Internet kostenlos als elektronisches PDF-Dokument zur Verfügung:

www.impacteV.de/hilfreiches/img/D.f.S.d.I.-Leseprobe.pdf

B u c h v o r s t e l l u n g

Ken Ham

Evolution – Die große Täuschung

ISBN 978-3-9811774-3-5
Best.-Nr. 10005
208 Seiten
1.Auflage Februar 2011

Preis: 6,95 €
www.impacteV.de/shop

In prophetischer Weise warnt die Bibel davor, dass in der Endzeit Irrlehrer mit zerstörerischen Lügengebilden auftreten werden. Sie wollen Gottes Wahrheit in Misskredit bringen und Christen durch ihre erfundenen und erdachten Thesen in die Irre führen (vgl. 2.Petrus 2,1-3).

Solch eine Irrlehre ist unter uns - die große Täuschung der Evolution. Zahllose Gläubige, aber auch vollzeitliche Mitarbeiter und Dozenten können das Evangelium nur halbherzig weitergeben. Sie haben das erste Buch Mose, die Basis aller biblischen Lehre, verworfen - und sind den Ursprungs-Mythen des 20. und 21. Jahrhunderts auf den Leim gegangen: der Evolution.

Wer glaubt, dass das erste Buch der Bibel unwichtig für die Verkündigung des Evangeliums ist - der sollte dieses Buch lesen.

Wer glaubt, dass uns das erste Buch Mose nicht persönlich betrifft - der sollte dieses Buch lesen.

Wer glaubt, dass Evolution und Bibel zusammen passen - der sollte dieses Buch lesen.

Bekennende Christen, die das Evangelium in einer geistlich abgleitenden Welt verkündigen möchten - sollten dieses Buch lesen.

Eine Leseprobe des ersten Kapitels steht im Internet kostenlos als elektronisches PDF-Dokument zur Verfügung:

www.impacteV.de/hilfreiches/img/E.D.g.T.-Leseprobe.pdf

Buchvorstellung

Dr. Jim Berg

Gott ist mehr als genug

ISBN 978-3-9811774-4-2
Best.-Nr. 10006
256 Seiten
3.Auflage Januar 2019

Preis: 6,95 €

www.impacteV.de/shop

Wonach suchst du?
Willst du deine Schuld loswerden?
Willst du Frieden statt Angst und Zorn?
Brauchst du neue Kraft, um wieder Hoffnung für dein Leben zu schöpfen?

Viele Menschen sind gefangen in Schuld, Angst und Hoffnungslosigkeit. Sie wissen nicht, wie sie in diese Falle geraten sind, aus der sie sich nicht mehr selbst befreien können. Gott ist mehr als genug ist für Christen geschrieben, die mit ihrer eigenen Kraft am Ende sind. Christen, die bereit sind, Gottes ausgestreckte Hand zu ergreifen.

Jim Berg zeigt aufgrund seiner praktischen Erfahrung Wege auf, wie die Belastungen des Lebens bewältigt werden können und wir wieder Frieden bei Gott finden, indem er den Blick auf das Herzen Gottes richtet - auf Seine Liebe, Seine Gnade, Seine Treue und Seine Macht. Den schleichenden Abfall erklärt er mit dem Verdrängen dessen, wer Gott ist und was Er für uns getan hat. Damit macht er dem Leser deutlich, dass Gott selbst völlig die Bedürfnisse im Leben eines jeden Gläubigen stillt.

«Gott ist mehr als genug» beruht auf dem Seelsorgeprogramm «Quieting a Noisy Soul» von Jim Berg, das eine noch ausführlichere Darstellung der in diesem Buch behandelten Wahrheiten zum Inhalt hat.

Inhaltsverzeichnis und Vorwort stehen als elektronisches PDF-Dokument kostenlos zur Verfügung:

www.impactev.de/hilfreiches/img/G.i.m.a.g.-Leseprobe.pdf

Buchvorstellung

Sam Brock

Mein Biografie von Gott
Ein Andachts-Tagebuch

ISBN 978-3-9811774-5-9
Best.-Nr. 10008
320 Seiten
1.Auflage August 2019
Mit praktischer Spiralbindung

Preis: 9,00 €
www.impacteV.de/shop

Das größte Gebot der Bibel lautet: Gott von ganzem Herzen zu lieben. Doch wer ist eigentlich Gott? Was macht Ihn aus und was sind Seine Eigenschaften? Warum ist Gott das Ziel unserer Liebe? Der Schlüssel zum Verständnis dafür ist das Wort Gottes, wo Er sich uns vorstellt und offenbart. Nun bist du gefragt: Schreibe deine Biografie von Gott!

Inhaltsverzeichnis und Vorwort stehen als elektronisches PDF-Dokument kostenlos zur Verfügung:

www.impactev.de/hilfreiches/img/M.B.v.G.-Leseprobe.pdf

Eine Leseprobe des ersten Kapitels steht im Internet kostenlos als elektronisches PDF-Dokument zur Verfügung:

www.impacteV.de/hilfreiches/img/E.D.g.T.-Leseprobe.pdf

Kinder-, Jugend- und Familienfreizeiten

Den Mitarbeitern von impact e.V. liegt die bibelorientierte und praxisnahe Vermittlung des Evangeliums von Jesus Christus sehr am Herzen.

Als Hilfe und Unterstützung für viele Ortsgemeinden im deutschsprachigen Raum wurde impact e.V. nach jahrzehntelanger regelmäßiger Freizeitarbeit offiziell im April 1999 von Pastoren und evangelistischen Jugendarbeitern als gemeinnütziger Verein für Jugend- und Familienfreizeiten gegründet.

Menschen allen Alters wurde seither die Saat des ewig währenden Wortes Gottes ausgestreut. In zahlreichen Freizeiten mit deutschlandweitem Einzugsbereich nahmen bereits viele Menschen den Herrn Jesus Christus in ihr Leben auf und andere fanden eine geistliche Neuausrichtung.

Für Freizeitmitarbeiter:
impact e.V. bietet Schulungen und Weiterbildungen für bibelgläubige Freizeitmitarbeiter an. Wer sich zum Dienst an Jugendlichen berufen sieht, sucht oftmals nach einer Hilfestellung, um sich zur Ehre des Herrn einzubringen. Gott sucht Menschen, die sich für IHN hingeben. impact e.V. bietet hierfür gerne umfassende Unterstützung.

Für Freizeitteilnehmer:
Nahezu alle Mitarbeiter der impact e.V. Freizeiten waren als Kinder und Jugendliche selbst langjährige und begeisterte Freizeitteilnehmer. Deshalb fällt es ihnen nicht schwer, sich in die Lage der heutigen Freizeitler hineinzuversetzen.

impact e.V. -von Christus geprägt-

Camp Impact (Thüringer Wald)

Camp Impact ist ein Werk Gottes, das dem Menschen unserer Zeit eine Erholungsstätte anbietet. Inmitten der herrlichen Schöpfung Gottes, abseits vom intensiven und hektischen Treiben des modernen Alltags, sollen sich Jung und Alt bewusst auf die eigene, persönliche Beziehung zu ihrem Schöpfer ausrichten.

Um 1950 wurde das Gelände als Lager der „Gesellschaft für Sport und Technik" der ehemaligen DDR gebaut. Von 1992 bis 2003 war auf dem Gelände die zentrale Thüringer Landesgemeinschaftsunterkunft für Asylbewerber eingerichtet. Am 06.12.2008 wurde der Kern des heutigen Geländes (56.000m²) an impact e.V. verkauft. Zwischen 2010 und 2011 durften mehrere angrenzende Geländebereiche hinzugekauft werden. So hat Gott die Gesamtfläche nach vielen Gebetserhörungen auf über 110.000m² verdoppelt.

Camp Impact ist spendenfinanziert und befindet sich ganzjährig im ständigen Auf- und Ausbau. Seit 2008 durften bereits viele Bereiche renoviert, ausgebaut und saniert werden, z.B. die Sportarena oder die Aula:

Sportarena (2008)

Juli 2018

Aula (2008)

August 2016

Mehr Informationen im Internet: www.camp-impact.de